KB013388

"나는 맞고 너는 틀리다"

"나는 맞고 너는 틀리다"

'신이 죽은' 시대의 내로남불

초판 1쇄 발행 2022년 5월 30일

초판 2쇄 발행 2022년 8월 16일

—

지은이 허 경

펴낸이 이방원

편 집 정조연·김명희·안효희·정우경·송원빈·박은창

디자인 손경화·박혜옥·양혜진   **마케팅** 최성수·김 준·조성규

—

펴낸곳 세창출판사

신고번호 제1990-000013호 주소 03736 서울시 서대문구 경기대로 58 경기빌딩 602호

전화 02-723-8660 팩스 02-720-4579

이메일 edit@sechangpub.co.kr 홈페이지 http://www.sechangpub.co.kr

블로그 blog.naver.com/scpc1992 페이스북 fb.me/Sechangofficial 인스타그램 @sechang_official

—

ISBN 979-11-6684-106-4 03120

ⓒ 허 경, 2022

이 책에 실린 글의 무단 전재와 복제를 금합니다.

"나는 맞고 너는 틀리다"

'신이 죽은' 시대의 내로남불

허 경 지음

세창출판사

66

정치적인 것과 정치적이지 않은 것을

구분하는 행위 이상의

정치적 행위란 존재하지 않는다.

99

일러두기

책에서는 번역 저작권을 존중하기 위하여 직접 인용을 가급적 줄였습니다. 모두 두말할 필요가 없는 인류의 고전들이니, 독자분들께서 인용된 책들을 가급적 직접 구입하셔서 전체를 읽어 보시기를 권합니다. 저자가 추천하는 각 도서의 역본은 아래의 목록과 같습니다.

- 토머스 홉스, 『리바이어던 1: 교회국가 및 시민국가의 재료와 형태 및 권력』, 진석용 옮김, 나남, 2008.
- 존 로크, 『통치론』, 강정인·문지영 옮김, 까치, 1996.
- 존 로크, 『관용에 관한 편지』, 공진성 옮김, 책세상, 2008.
- 임마누엘 칸트, 『순수이성비판 1』, 백종현 옮김, 아카넷, 2006.
- 임마누엘 칸트, 『순수이성비판 2』, 백종현 옮김, 아카넷, 2006.
- 존 스튜어트 밀, 『자유론』, 서병훈 옮김, 책세상, 2010(개정판).
- 프리드리히 니체, 『도덕의 계보』, 박찬국 옮김, 아카넷, 2021.
- 프리드리히 니체, 『바그너의 경우·우상의 황혼·안티크리스트·이 사람을 보라·디오니소스 송가·니체 대 바그너』, 백승영 옮김, 니체전집 15, 책세상, 2002.
- 프리드리히 니체, 『유고(1885년 가을-1887년 가을): 원래 나는 나를 어느 정도 나 자신에게서 보호해 주고 외』, 이진우 옮김, 니체전집 19, 책세상, 2005.

나와 '다른' 생각을 하는 사람들과 '함께'

2017년 7월 17일 문재인 정권이 출범한 직후 국무총리 훈령으로 '신고리 5·6호기 공론화위원회 구성 및 운영에 관한 규정'을 제정하였다. 이후 공론화위원회는 시민참여단 500인을 선정하였고, 위원회는 이들을 대상으로 1달 동안의 숙의 과정을 거쳐 신고리 5·6호기 건설중단 여부에 관해 시민참여단의 뜻에 맞는 정책을 정부에 권고하기로 결정하였다. 2017년 10월 20일, 신고리 5·6호기의 공론화위원회는 찬성 59.5%, 반대 40.5%로 "신고리 5·6호기의 건설을 재개하라"는 결론을 내렸다. 그리고 이날 공론화위원회는 "원자력 발전을 축소하는 방향으로 에너지 정책을 추진하라"는 권고도 정부에게 했다. 최종조사에서 원자력 발전을 축소해야 한다는 의견이 53.2%로 유지(35.5%)나 확대(9.7%)보다 높게 나타났기 때문이다. 하지만 정작 탈원전 정책 지지를 물은 질문에는 시민참여단의 13.3%만이 지지 의사를 표시했다. 원전 축소와 탈원전은 다르며, 시민참여단의 의견은 원전의 비율을 줄이는 것은 찬성하지만 탈원전은 찬성하지 않는다는 것.[1]

하루가 멀다 하고 새로운 일이 일어나는 대한민국에서는 이미 아득한 과거로 느껴지는, 이 2017년 (탈원전 관련) 공론화위원회의 논의

1 　　　이상의 인용은 〈나무위키〉 중 표제어 '문재인정부/탈원전'의 해당 부분을 옮긴 것이다. 내가 이 책을 쓰기 시작한 것은 2020년 1월이고, 1차 완성 원고를 출판사에 보낸 것은 같은 해 12월이다. 나는 2016년 8월에 『그때는 맞고 지금은 틀리다: 통치자 담론에서 피통치자 담론으로』(길밖의길)를 출간한 직후, 내용에 미진한 부분이 있고 제목도 내가 정한 것이 아니었기 때문에, 만약 이어지는 책을 한 권 더 쓰게 된다면 "나는 맞고 너는 틀리다"를 제목으로 해야겠다고 생각했다. 이후 2020년 이른 봄 우연한 기회로 실제로 책을 쓰게 되어 망설임 없이 제목을 채택하게 되었다. 나로서는 "나는 맞고 너는 틀리다"라는 제목이 내가 비판하고자 하는 주제, 곧 우리 시대의 아무도 말하지 않는 무의식적인 인식론적 대전제를 잘 보여 주는 것으로 생각되었다(따라서 이는 '내가 그렇게 생각한다'라는 것이 아닌, '내가 생각하기에 우리 시대의 인식론적 대전제가 이렇다'라는 의미로 쓴 것이므로, 문장 앞뒤에 인용 부호 " "가 매우 중요하다. 독자 제현께서 이를 반드시 기억해 주시기를 부탁드린다). 더하여, 매일이 놀라운 사건의 연속으로 일주일 전의 신문도 오래전의 철 지난 일처럼 느껴지는 대한민국에서, 이 책을 쓰기 시작한 2020년 초부터 이 책을 완성한 2021년 8월은 물론, 이 책이 출간되는 2022년 5월 사이에도 많은 일이 있었다. 나는 물론 시민의 한 사람으로서 나의 개인적인 정치적 지향을 가지고 있지만, 이 책의 내용이 잘 말해 주는 것처럼, 이 책은 기본적으로 (나 또는 독자 개개인의 정치적 지향과도 무관하게) 2021년 대한민국 사회에서 작동하고 있(다고 내가 믿)는 '일반적 인식론의 무의식적 대전제'를 비판적으로 검토하려는 의도에서 쓰인 책임을 적어 둔다.

결과는 TV는 물론 각종 언론 지상에도 크게 보도되었으므로 당신은 이러한 논의의 결과를 (적어도 그 대강은) 알고 있을 것이다. 당신은 이러한 논의 결과에 찬성하는가, 반대하는가? 또는 이러한 논의 방식에 찬성하는가, 반대하는가? (아마도 고대 그리스의 민회를 본뜬 것으로 보이는) 500인의 일반인 시민참여단의 구성에는 찬성하는가, 반대하는가? 비록 권고의 형식을 띠었다 하더라도, 국가의 중대사라 하지 않을 수 없는 '탈원전 정책'의 지속, 또는 폐기 여부를 (비록 전문가들의 '충분한' 설명이 주어졌다 하더라도) 전문가 집단이 아닌, 일반인들에게 묻는 일 자체에 동의하는가? 이러한 논쟁을 통해 우리가 더 이상 피할 수 없는 하나의 철학적·인식론적 문제가 떠오른다. 그 문제는 다름 아닌 그러한 결정의 주체와 기준을 어떻게 정할 것인가라는 문제이다. 신고리 5·6호기의 건설의 지속, 또는 폐지를 결정하는 권한을 누구에게 줄 것인가? 시민에게? 또는 전문가 집단에? 전문가는 정확히 누구를 의미하는가? 그러나 정작 중요한 문제는 이러한 문제가 아니다. 이러한 문제를 결정할 권한을 누구에게 주는가를 누가, 어떤 기준으로, 어떻게 정할 것인가라는 보다 근본적인 문제가 남아있다. 그리고 또다시 이런 결정을 누가, 어떤 기준으로, 어떻게 결정할 것인가? '신이 죽은' 오늘, 이 지상에서, 문제는 이제 무한순환에 빠진다. 이제 결단을 내려야 할 시간이다. 그러나, 그 결단의 시간은 누가, 어떻게 알 수 있는가? 이것은 (얼핏 당신이 받았을 수도 있는 첫인상처럼) '한가한 말장난'이 아니다(누군가가 이런 발언을 한다면, 이러한 발언은 그 사람이 논점 자체를 이해하지 못했다는 고백에 다름 아니다). 이 누가, 어떤 기준으로, 어떻게라는 문제는 그러한 결정을 내려 줄 자, 곧 유럽 철학에서 '신'이라 불리던 절대적 인식자가 사라진 이후, 이 지상의 어느 누구도 피할 수 없는 현대 철학의 근본 문제가 되었다. 모든 사람이 '자신이 당연하다고 느끼는 것'을 당연함 자체라고 (사실은 악의 조차도 없이) 믿어 의심치 않는 이 난감한 사태 앞에서 우리는 어떻게 해야 하는가?

질문을 달리 던져 보자. 당신은 당신의 주변에서, 또는 대한민국 언론 지상에서, 벌어지는 무수한 논쟁에 하나의 '올바른' 해석이 있다고 믿는가? 대한민국의 다음 대통령은 누가 되는 것이 옳은가? 나아가, 이 세계의 본질은 무엇인가? 본질이란 것이 있기는 한가? 우리는 종교를 가져야 하는가? 갖는다면, 어떤 종교를 가져야 하는가? 그 종교의 어느 종파를 믿어야 하는가? 아니면, 종교 그 자체가 문제의 일부인가? 종교가 아니라, 철학인가? 어떤 철학을 말하는가? 어떤 철학자의, 어떤 철학을? 그 철학자의 어느 시기의, 어떤 입장을 더 강조하는가? 아니면, 철학 그 자체가 너무 고상하고, 너무 말장난

과도 같이 보여서, 철학이란 용어는 위 질문을 받을 때 떠오르지도 않았는가? 철학과 종교와 정치는 분리되어야 하지 않는가? 나아가, 보다 일상적인 일에 대해 말해 보자. 결혼은 해야 하는 것일까? 임신중절은 정말 나쁜 일일까? 그렇지 않다면, 임신중절은 무책임한 일이 아니라는 주장을 펼치는 것인가? 안락사는 행해져야 하는가? 국가가 개인의 결혼과 이혼을 허가하는 현재의 제도는 옳은가? 기부입학제를 용인해야 하는가? 여성도 군대에 가야 하는가? 투표권은 몇 살부터 부여하는 것이 옳은가? 이 모든 일에 대해 우리가 제시하는 그 근거는 타당한가?

앞선 경우와 마찬가지로, 여기 제시된 모든 논의의 논점은 다음과 같다. 이 모든 문제를 누가, 어떤 기준으로, 어떻게 결정할 것인가? 이 책은 오랜 고민, 문제의식에서 비롯된 책이다. 나의 오랜 문제의식이란 다음과 같은 것이다. 나를 포함하여, 세상의 거의 모든 사람은 모두 자기 판단의 '합리성'을 믿어 의심치 않는다. 이 경우 발생하는 필연적인 결과는 타인의 판단, 또는 판단 능력에 대한 부정과 불신이다. 그러나 방금 서술한 것처럼 이러한 타인의 판단과 판단 능력에 대한 부정과 불신은 어떤 악의에서 기인하는 것이 아니다. 나의 견해로는, 그것은 차라리 일종의 인식론적 오류 내지는 무지에서 기인하는 것으로 보인다. 마찬가지로 내게 틀린 것으로, 곧 '비합리적'으로 보이는 생각을 품고 있는 사람은 (물론 때로 실제로 비합리적인 경우도 없지는 않지만) 사실 대부분의 경우, 다만 나의 생각과 다른 생각을 가지고 있는 사람인 경우가 생각보다 훨씬 더 많다. 내게 '비합리적으로 보이는' 생각을 갖고 있는 사람은 (우리가 흔히 생각하듯이) 어떤 도덕적 무책임, 또는 게으름을 품고 있는 사람이 아니라, 다만 나와 다른 생각의 체계를 가진 사람일 수 있다는 말이다.

⟨⊕⟩

사실, 이 세계에 존재하는 어떤 두 사람도 '같은' 생각을 품을 수는 없다. 얼핏 비슷한 생각을 품고 있다고 생각되는 사람도 조금만 자세히 들어가면 금방 나오는 상당히 '다른' 생각을 품고 있는 사람임을 깨닫게 된다. 그리고 모든 인간은 실은 현재의 그 자신조차도 그 자신 안에 서로 모순되는 수만 가지 생각들을 동시에 품고 있다. 나아가 과거의 나와 현재의 나조차 같은 생각을 품고 있지 않다. 설령 내가 외견상 같은 생각을 품고 있다고 하더라도 상황이 변화했으므로 모든 것이 변화한 것이고, 따라서 나의 생각도 변화한 것이다. 나 자신도, 세계와 타인도, 둘 사이의 인식과 관계도 늘 변화하는 과정에 있을 뿐이다. 나는 다만 그러한 사실을 깨닫지 못하거나, 또는 보고 싶지 않을 뿐이다. 불교와 포스트구조주의가 말하듯이, 우리가 같은 것, 동일자(同一者), 또는 불변의 정체성(identity)이라고 믿는 것은 사실 다름, 곧 차이(差異), 보다 정확히는 차이화(différentiation) 작용이 빚어내는 거품(phantasma), 허상(fiction)과도 같은 것일 수 있다. 결국 이 세상에 같은 것이란 없으며, 오직 언어와 개념만이 불변한다. 늘 변화하는 세계를 불변의 언어와 개념에 맞출 수도 있겠지만, 불변의 언어와 개념을 늘 변화하는 세계가 만들어 내고 세계와 함께 서로를 만들어 가는 어떤 것으로 바라볼 수도 있다. 언어와 인간은 늘 동시적·상관적으로만 '함께' 만들어져 가는 것이기 때문이다.

마찬가지로 나와 같은 생각을 하는 사람이란 있을 수도 없고, 있어서도 안 되지만, (우리가 어떤 생각을 품든) 결국, 결코 존재할 수 없다. 이렇게 이 세계에는 나와 같은 생각을 하는 사람이 있을 수가 없는데, 나는 나와 다른 생각을 하는 사람을 보면 '화'가 나곤 했다. 내가 이 세상에 분노했던 장면의 상당수는 사실 세계와 타인이 '내 마음대로 되지 않아서' 화를 낸 것이었다. 이것은 나를 포함한 어떤 인간도 벗어날 수 없는 인간의 권력의지를 의미한다. 나의 권력의지를 부정하고 나의 불편부당함을 주장하기보다는 나의 권력의지를 인정하고 조심하며 상대의 말을 경청하는 편이 훨씬 더 낫다.

나는 개인적으로 '내가 도덕성의 차이, 곧 도덕성의 우열을 구성

한다고 생각했던 많은 일이 사실은 스타일의 차이일 수 있고, 상당

수가 실제로 그러하다'는 사실을 깨달았다.[2] 도덕성에도 일정한 스

---

2   이와 관련하여, 에리히 프롬(Erich Fromm, 1900-1980)의 『자유로부터의 도
피』(*Escape from Freedom*, 1941)를 따라, '도덕으로의 도피'(*Escape to Morality*)라는 책을 써 볼
수 있을 것이다. 도덕적 비판은 물론 적절한 경우에 수행되어야 하는 불가피한 것이되,
모든 경우에 이를 전가의 보도처럼 무차별적으로 사용하는 것은 실로 폭력적 지배 의지
를 수반하는 권력의 남용 행위이다. 가령 어떤 사람이 지구의 생태 위기에 대한 절박한
의식과, 이에 대한 대중의 무관심, 이익만을 추구하는 기업에 대한 분노를 품고 있다고
할 때, 어느 누구도 이러한 의식과 분노를 무근거한, 부도덕한 것이라고 함부로 지칭할
수는 결코 없을 것이다. 이는 분명 정당한 도덕적 분노이다. 그러나 ―오늘날 마치 정
신분석의 결론을 선취한 것처럼 보이는― 18세기 말 칸트의 『실천이성비판』에 등장하
는 마지막 문장들이 보여 주는 것처럼, 우리는 도덕적인 행위를 도덕적 동기로 행해야
만 한다. 왜냐하면, 오늘의 정신분석이 보여 주듯이, 우리는 도덕적 행위를 도덕과 무관
한 동기, 또는 때로는 도덕적이지 못한 동기에 의해서도 얼마든지 수행할 수 있기 때문
이다. 아동 폭력을 막기 위한 기부를 하는 어떤 한 사람은, 자신이 무가치하다는 느낌을
없애기 위해서도, 자식에게 막대한 유산을 물려주려는 외적 위장의 수단으로도, 이러한
행위를 수행할 수 있다. 전자는 차라리 마음에 병이 있는 사람이라 말해야 할 것이고,
후자는 부도덕한 사람이라 말해야 할 것이다(물론 동기를 중시하는 칸트주의와 달리, 공리주
의에서는 동기와 무관하게 '유익한' 결과가 산출되었으므로 '선한' 행위의 측면이 있다고 주장할 것
이다). 이러한 나의 지적이 도덕적 행위의 동기를 의심하는 '불순한' 지적으로 읽힐 수도
있겠지만, 나는 이러한 지적이 현재 이른바 '도덕적 행위'로 가정되고 있는 행위를 수행
하는 당사자에게도 장기적 안목에서는 '도움이 된다'고 믿는 편이다. 생태 위기는 인류
가 존재하는 한 영원히 존재할 수밖에 없고, 따라서 이러한 위기에 대한 지적과 실천은
영원히 도덕적으로 타당할 수밖에 없다. 그러나 도덕적 행위를 수행하는 주체가 자신의
도덕적 실천이 수행되는 장 안에 존재할 수밖에 없는 자신을, 그리고 자신만을, 예외로
두거나, 자신의 도덕적 행위가 수행되는 맥락에 대한 의도적·비의도적 무시를 포함하
게 된다면, 이는 문제가 될 수밖에 없다. 왜냐하면 진실이란, 어떤 존재하는 실체적 진
실을 상황이나 맥락과 무관하게 실천함으로써 이루어지는 것이 아니라, 늘 주어진 특정
상황과 맥락 안에서 다른 수행자들과의 상호작용에 의해 동시적·상관적으로 형성되는

타일의 차이가 존재한다. 성실을 가장 중요한 도덕적 가치로 생각하는 사람이라고 해서 타인에 대한 배려, 또는 자기 배려, 또는 정직 등등을 무시하는 것은 아닐 것이다. 그러나 이들이 서로 충돌하는 갈등 상황에서 성실을 가장 중요시하는 사람은 나머지 다른 가치가 아니라, 물론 성실을 첫 번째의 우선순위로 놓을 것이다. 그리고 이 사람은 자신이 가장 중요시하는 성실이 다른 가치들과 충돌하는 갈등 상황에서 자신처럼 성실을 최우선으로 두지 않는 다른 사람들을 아마도 '부도덕하다'고 비판할 수 있을 것이다. 그러나 이는 타인에 대한 배려를 최우선의 가치로 두는 사람이 성실을 최우선의 가치로 두는 사람을 비슷한 상황에서 '부도덕하다'고 비판하는 것과 매우 비슷한 상황이다.[3] 과연 우리는 현실에서 이런 상황을 맞지 않는

것이기 때문이다. 이런 의미에서 ─도덕적 실천으로부터 예술적 수행에 이르기까지─ 현대 철학을 가로지르는 수행성(隨行性, performativity) 개념에 대한 강조는 기억해 둘 만한 것이다.

3 바로 이러한 관점과 관심에서, 이 책에 나타난 나의 철학적 분석은 다음과 같은 문제의식에 대답하려는 작업이다. 나 자신과 타인들의 [지금은 대부분의 사람들이 '도덕(주의)적' 관점에서 보고 있는] 행위를 도덕(주의)적 관점과는 다른 관점에서 볼 수는 없는 것일까? 오늘, 실로 모든 사람이 자신과 타인의 동기와 행동을 도덕주의적 관점에서 바라보고 심판하고 있는 것처럼 보인다. '도덕적 관점을 도덕과 무관한 영역으로 무한히 확장, 적용하는 작업'을 도덕주의적 관점이라고 정의할 때, 실은 (바로 그 이름처럼) 이렇게 자신과 타인의 모든 행동을 도덕주의적 관점에서 바라보고 심판하는 행위 자체가 도덕주의의 작동 메커니즘이라 불러야 할 것이다. 나는 철학과에 진학한 이래 국내에서 마친 석·박사 과정에서 모두 윤리학을 전공했다. 나 자신의 개인적 경험으로는 이런 윤

다고, 그리고 나만은 이런 상황에서 이런 비판을 하지 않는다고 말할 수 있을까? 바로 이러한 것들이 내가 이야기하는 '내가 믿고 있는 도덕성의 차이'가 사실상 (도덕적) 스타일의 차이일 수 있다는 주장의 한 논거이다.

물론 이러한 논의는 매우 제한된 범위에서 엄밀한 비판을 통해 검증되어야 한다. 방금 내가 든 앞선 논증은 다음과 같은 몇 가지 문제

리적 관점, 보다 정확히는 도덕주의적 관점으로부터 적당한 거리를 취하며 빠져나오는 데 적어도 20-25년 정도는 걸린 듯하다. 이 시기 동안 나는 나와 타인의 모든 행동과 동기를 (진실의 인식 및 실천과 관련되는) 도덕주의적 관점에서 바라보며 심판하고 자책했다. 그러나 때로 도덕적 문제의식은 (그 의도와 무관하게, 혹은 정반대로) '비도덕적 결과'를 가져오는 것이 아닐까? 100명의 사람이 있고, 그중 다수, 가령 80-90명 이상이 어떤 (바람직하지 못한) 사고와 행동 패턴에 빠지게 될 때, 이를 타개하기 위한 해결책은 ―더 이상 각 개인의 도덕적 게으름에 관한 질책보다는― 그들이 그렇게 될 수밖에 없는, 혹은 그렇게 되기 쉬운, 사회의 구조적 문제점 및 사유 체계 자체의 한계에 대한 인식과 개선에서 출발해야 하지 않을까? 그리고 만약 그런 다른 관점이 가능하다면, 그것은 주어진 행위에 대해 (현재의 도덕적 관점과는 다른) 어떤 설명을 제시할 수 있을까? 만약 도덕주의적 사고방식이 사람들이 생각하듯 사태의 원인이 아니라 하나의 결과에 불과하다면, 만약 도덕주의적 사고방식이 말하는 도덕적 요인들이 실제로 존재하지 않는다면, 우리는 이제 어떤 분석틀, 곧 (도덕주의와는 다른) 메커니즘의 요소들을 제시해 볼 수 있을까? 이 책에서 수행된 작업은 바로 이렇게, 다른 관점에서 본 '행위의 설명 가능성'을 탐구해 보려는 작업이다.

점을 가지고 있지 않은가? 우선, 앞의 '논증'은 성실과 타인에 대한 배려가 상충되는 경우만을 배타적으로 가정하고, 이를 원칙적으로 배타적인 것들로서 다루고 있다. 그러나 실제 현실에서 이는 보편적이라기보다는 오히려 예외적인 경우에 속하지 않는가? 다음으로, 이러한 논증은 마치 성실과 타인에 대한 배려가 원칙적으로 정의상 서로를 포함하지 않은 것으로 가정하여 논의를 펼치지 않는가? 그러나 타인에 대한 배려가 없는 성실이 있을 수 있으며, 반대로 성실하지 않은 타인에 대한 배려라는 것이 있을까? 이는 물론 타당한 문제제기들이다. 우리는 우리 논의의 단단함을 위해 이러한 비판적 논의들을 하나하나 섬세히 짚어 보아야 할 것이다.

앞의 논의로 돌아가자. 나를 포함하여, 거의 모든 사람이 자기 판단의 합리성과 건강성을 믿어 의심치 않고, (특히 이 부분만큼은 일정 부분 어쩔 수 없는 측면이 있지만) 오직 타인이 내린 판단의 합리성과 건강성만을 의심한다. 그러나 나 스스로 내 판단의 합리성과 건강성을 의심해 볼 수는 없을까? 나의 판단이 편파적일 가능성, 자기중심적일 가능성을 의심해 볼 수는 없을까? 이 말은 물론 나 자신의 판단을 무조건 부정하고, 스스로 자기학대와 굴종을 받아들여야 한다는 주장이 아니다. 이는 다만 늘 타인의 합리성만을 의심하는 나 역시 다른 사람과 하나도 다를 것 없는 평범한 보통 사람이고, 나의 판단이 합리적이고 건강할 수 있다면, 타인의 판단 역시 합리적이고 건강할 수 있다는, 말하자면 상식적인, 사실은 당연한 생각을 해 보려는 태도이다. 다른 모든 인간과 마찬가지로, 나 역시 실수하고 오류를 저지르며, 나아가 근본적으로 잘못된 견해를 가질 수도 있는 것이 아닐까? 사실 '나만은 그러한 오류에서 예외일 것'이라는 생각은 대부분의 경우 유치한 인식론적 자기중심주의일 것이다.

그런데, 이러한 문제를 이해하는 하나의 방식은 '왜 사람들이 이렇게 생각하게 되었을까'를 살피는 일일 것이다. 나를 포함한 사람들의 상당수, 나와 똑같이 '합리적이고 상식적인' 사람들의 상당수가 이렇게 생각하고 있다는 사실이 존재한다면, 나를 포함한 사람들이 괜히 그러는 것은 아닐 것이라는 가정을 세워 보는 것이 합리적인 일일 것이다. 그렇다. 우리는 왜 이렇게 생각하게 되었을까? 나는 아마도 다음과 같은 인간의 '보편적인' 실존적 상황이 이에 대한 이유 중 하나로 제시될 수 있으리라고 생각한다.

인간의 기본적 가치관은 기본적으로 이전과 같은 방식으로는 더 이상 살아가기 어려운 어떤 위기 상황을 거치며 형성된다. 보통 누군가의 기본적 가치관이 형성되는 일반적 시기인 청소년기를 살펴보면 이는 쉽게 이해된다. 이때의 위기 상황이란 '기존에 자신이 갖고 있는 해결책으로는 해결이 안 되는 상황'을 지칭한다고 거칠게 정의해 보자(기존의 방식으로 해결이 되었다면 처음부터 '위기'라 불리지도 않았을 것이다). 가령, 청소년이 어른이 된다는 것은 보호받는 아이에서 스스로 책임지는 어른이 되는 일, 곧 일종의 심리적·경제적 젖떼기, 이유(離乳)를 수행하는 일이다. 그런데 이러한 젖떼기가 결코 쉬운 일일 수는 없다. 타인의 판단과 기준으로 살던 아이가 이제 스스로 자신의 판단에 의지해서 살아야 하기 때문이다. 타인의 경제적 능력에 의존해 살던 이가 스스로 자신을 경제적으로 책임지는 어른으로 성장하는 일이 쉬운 일일 수는 없기 때문이다. 성장은 어렵고 고통스러운 일이다. 그리고 바로 같은 시기에 이러한 일이 가치관과 세계관의 측면에서도 일어난다. 심리적·경제적 젖떼기와 마찬가지로 이렇게 스스로 생각하고 판단하며 그 권리와 책임을 온전히 받아들이는 일, 곧 생각의 젖떼기는 (우리 누구나가 잘 알고 있듯이) 정말 어려운 일이다. 나의 가치관이 형성된 개인적 경험을 살펴보아도 이는 마찬가지이고, 아마도 거의 대부분의 청소년과 어른들이 모두 이러한 생각의 젖떼기가 결코 쉬운 일만은 아니라는 사실에 기본적으로 동의하리라 생각한다.

그런데 나의 생각에는, 심리적이든 경제적이든, 또는 스스로 생각한다는 일이든, 자기 생각과 능력을 구축한다는 것이 바로 이렇게 쉽지 않고, 어렵고도 고통스러운 일이기 때문에, 이러한 구축의 과정은 기본적으로 (타인이 아닌) '자기 자신'의 생존과 성장에 포커스가 맞춰진다. 이는 사실 너무나도 당연한 일이다! 이는 결코 탓할 수 없는 일이고, 오히려 내게는 인간실존의 가장 기본적인 상황 중 하나라는 생각이 든다. 그리고 바로 이런 사정 때문에 한 개인의 가치관 형성 과정에서 타인에 대한 고려가 적절히 포함되어 있는 경우는 차라리 소수의 '예외'에 속하는 일이다. 나 자신이 지금 살아남는 것 자체가 목표일 때, 때로는 미래의 나의 생존 자체가 의심스러운 상황에서, 타인에 대한 존중이란 보통 너무나도 쉽게 고려의 대상에서 빠지게 된다. 내가 관찰한 사실을 정직하게 이야기해 보자면, 타인에 대한 무관심은 내게는 오히려 나은 경우에 속하는 것처럼 보인다. 현재 존재하고 있는 가치관과 세계관의 상당수는 오히려 대부분의 경우, 타인에 대한 무관심이 아니라, 나와는 생각이 다른 특정 타인, 또는 타자 집단의 절멸을 통해서만 나와 우리가 살 수 있는 것으로 게임의 규칙을 설정하고 있는 것처럼 보인다. 그리고, 아이러니하게도, 보통은 다른 집단들 역시 자신들만의 멸절 대상을 가지고 있다. '너희들'이 없어야 우리가 살 수 있고, 사실은 '너희들'을 없애는 것이 우리 삶의 목적이 된다. 그리고 이를 사회공동체의 입장에서 냉정하게 바라본다면, 우리는 많은 이들이 '타인과의 공존을 포함하는' 바람직한 생각의 젖떼기에 '실패한다'는 사실에 기본적으로 동의할 수도 있을 것이다(이를 위해서는 이른바 '실패'를 어떻게 정의할 것인가의 문제가 개입되지만, 일단 '타인과의 공존에 무관심하며, 자기 자신의 생존에만 배타적으로 포커스를 맞춘다'는 점에서는 이렇게 말할 수 있다).

이러한 현상은 사실 쉽게 이해될 수 있다. 나의 적은 실은 나의 쌍둥이로서, 내게 나의 정체성이라는 선물을 준다. 적이 없으면, 나의 존재 의미도 함께 사라진다. 내가 나의 바깥이라고 믿는 나의 적은, 실은 내가 나의 바깥이라고 믿는 나의 안쪽, 나의 가장 내밀한 본질, 나 자신이 알지 못하는, 알아서도 안 되는 '본질'이다. 이때의 본질이란 푸코와 데리다가 말하는 것처럼 '비본질의 나머지, 곧 여(餘)집합'이다. 나란 '내가 아닌 것이 아닌 것'이다. 나는 나의 바깥을 배제하면서 나의 안쪽을 구성한다. 나의 적을 배제하는 행위와, 내가 다른 '나'가 아닌 바로 이런 '나'가 되어 가는 과정은 쌍둥이, 곧 같은 과정의 두 가지 측면이다(exclusion is identification). 다시 말해 타자의 배제가 나의 정체성을 구성한다(exclusion of the other constitutes the identity of the self).

◍

이 책은 2016년 우연한 계기로 쓰게 되었던 대중 철학서 『그때는 맞고 지금은 틀리다: 통치자 담론에서 피통치자 담론으로』(길밖의길) 의 자매와도 같은 책이다.[4] 시간이 지났으므로, 그때와는 상황도, 나도, 그리고 책을 읽는 독자도, 많이 달라졌을 것이다. 그러나 나는 기본적으로 여전히 그때와 '비슷한' 생각을 하고 있다. 이 책을 읽으며 흥미를 느낀 분들은 부족하나마 앞선 2016년의 책을 참조해 볼수도 있을 것이다. 앞선 책에서도 인용한 것처럼, 이 책은 볼테르와 촘스키의 말에 입각하여, 그들의 정신에 입각하여, 쓰인 책이다. 이 책에서 이들 사유의 발자취가 발견된다면 나로서는 크나큰 영광으로 생각한다. 나는 2016년 출간한 『그맞지틀』의 말미에서 이렇게 적었다.

---

[4]   나는 이 책 덕분으로 2019년 8월 인천광역시교육청이 주최하는 '인천 청소년 인문학 토론광장'에 참여하는 기쁨을 누렸다. 참여한 선생님과 학생들은 감사하게도 나의 책을 포함한 3권의 책(나머지 두 권은 홍성수의 『말이 칼이 될 때』와 은유의 『다가오는 말들』)을 읽고 당일에는 각자가 선택한 한 명의 저자와 오후 내내 전체를 할애하여 함께 토론하는 자리를 가졌다. 이 자리를 빌려 참여한 학생들과 고생해 주신 선생님들, 특히 모임을 총괄해 주신 안미림 선생님께 다시 한번 감사의 말씀을 드린다. 그때 학생들이 나의 『그때는 맞고 지금은 틀리다』를 『그맞지틀』이라고 부르는 것을 듣고, 신기한 생각이 들었다. 학생들과의 아름답고 즐거운 추억을 담아, 앞으로는 이 책을 『그맞지틀』이라 부르겠다. 이렇게 불러 본다면, 이번의 새 책은 『『나맞너틀』』이 될 것이다.

영국의 여성 소설가 홀(Evelyn Beatrice Hall, 1868-1956)은 자신의 『볼테르의 친구들』(The Friends of Voltaire, 1906)에서 민주주의적 관용과 타인의 말할 자유에 관련된 볼테르(Voltaire, 1694-1778)의 태도를 다음처럼 정리했다.

"나는 너의 의견에 반대하지만, 네가 너의 의견을 말할 수 있는 자유를 얻기 위한 투쟁에 나의 목숨을 걸겠다."

이런 의미에서 '당신이 당신과 의견을 달리하는 이들의 말할 자유를 인정하지 않는다면, 실상 당신은 인간의 말할 권리를 전혀 인정하지 않는 것'이라는 촘스키(Noam Chomsky, 1928-)의 말은 실로 옳다.[5]

이러한 생각을 처음 접한 30대 중반 당시의 내게, 이러한 문제의식은 매우 충격적인 것이었다. 당시 프랑스에서 푸코에 관한 박사논문을 쓰면서 접하게 된 이와 같은 사유는 이후로 내게 철학의 목표를 점차로 이제까지와는 다르게 설정하도록 만들었다. 나는 이러한 사유를 텃밭으로 하여 점차로 다음과 같은 문제의식을 품게 되었다. 나와 생각이 다른 사람들과 함께 사는 방법은 없을까? 나와 생각이 다른 사람들을 죽이는 것이 아니라, 그들과 평화롭게 공존하는 철학은 존재할 수 없을까? 전문적 훈련을 받은 한 명의 철학자로서,

---

[5]　『그맞지틀』, 42쪽.

나는 이러한 철학이 가능하다고 생각한다. 이 자리에서 언급된 볼테르와 촘스키를 포함하여 많은 위대한 철학자들이 이러한 시도를 해 왔고, 상당한 진전이 이루어졌지만, 개인적으로 아직 만족할 만한 수준이라고 말하기는 어렵다고 생각한다. 그리고 이러한 철학이 아직 만족할 만한 수준으로 존재하지 않는다면, 이런 철학을 발명해야 하는 주체는 바로 이 시대, 지금-여기-우리여야 한다고 생각했다. 그리고, 적어도 스스로가 철학적인 책을 표방한다면, 이러한 시도는 '그렇게 하는 것이 더 좋다', 또는 '그래야만 한다'라는 소망이나 당위를 넘어, 왜 그렇게 해야 하는지, 또는 어떻게 그런 것이 가능한지에 대한 철학적 근거를 제시해야 한다. 나는 이러한 근거를 철학을 공부한 이래 내가 늘 읽고 자양분으로 삼아 왔던 유럽 철학자들, 특히 홉스와 로크, 칸트와 니체, 그리고 특히 내가 전공한 푸코를 비롯하여, 레비나스 그리고 데리다와 같은 프랑스의 현대 철학자들, 나아가 내가 20대 중반 큰 영향을 받았고 이후 그것을 중심으로 나의 삶과 생각을 형성해 왔던 노자의 사유에 대한 우회를 통하여 제시하고자 노력했다. 나의 보잘것없는 시도가 당신의 생각에 그리고 마음에 가닿기를 바라 본다.

이 책은 다음과 같이 이루어져 있다.

여러분이 지금 읽고 있는 들어가면서: 나와 '다른' 생각을 하는 사람들과 '함께'는 방금 말한 바와 같이 이 책이 쓰인 동기와 기본적인 문제의식을 담고 있다. 그 기본적인 문제의식이란 '내로남불'은 사람들이 얼핏 생각하는 바와 같은 도덕적 게으름, 또는 불성실의 문제가 아니라 차라리 인식론적 오류, 또는 무지의 문제라는 생각이다. 이 책에서는 내로남불의 경우를 '내가 아닌 타인'을 지칭하는 '이웃', 이웃 중 특별한 경우에 해당되는 강자, 그리고 또 다른 특별한 이웃인 약자, 그리고 궁극적으로는 나의 네 가지 경우로 나누어 살펴본다. 이러한 다양한 경우들을 가로지르는 기본적 문제의식은 앞서 말한 것처럼 다음과 같은 질문 아래 구체화된다. 무엇이 옳고 무엇이 그른지, 누가, 어떤 기준으로, 어떻게 결정하는가?

1장 '내가 하면 로맨스, 남이 하면 불륜': 일관성의 결여에서는 내로남불 비판 담론이 가진 기본적인 성격, 곧 자신을 대하는 잣대와 타인을 대하는 잣대가 다르다는 '이중잣대'의 비판이라는 문제가 칸트의 도덕철학이 말하는 '보편성에 대한 위반'이라는 구조에 기반하고 있음을 간단히 논의할 것이다.

2장 이웃, 강자, 약자, 그리고 나: 내로남불의 네 가지 대상에서는 내로남불 비판의 대상을 네 가지로 나누어, 각각의 경우에 따르는 다양한 문제들을 상세히 살펴본다.

3장 니체에 이르는 길: '신은 죽었다'에서는 '누가, 어떤 기준으로, 어떻게 결정하는가?'라는 질문을 중심으로 홉스, 로크, 칸트, 니체 등 서양의 주요한 철학자들이 제출한 역사적 답안들을 살펴본다. 이 부분에 특별한 관심이 없는 독자는 이를 건너뛰어도 상관없겠지만, 이 장까지 읽은 독자라면 이 부분이 가장 공들인 부분이며, 사실상 이 책의 가장 중요한 논증이 담긴 부분임을 쉽게 이해할 수 있을 것이다. 나는 이 책의 기본적 독자를 대학생 정도의 일반 교양인을 상정하고 썼으므로, 논의의 핵심은 전달하되 너무 전문적인 논의로 흐르지 않도록 주의했다.

나오면서: 내로남불, '신이 죽은' 시대의 인식 조건에서는 이제까지의 논의를 정리하며, 내로남불은 물론 도덕적으로 문제가 있는 것이되, 그것이 발생하는 이유가 일반인들의 생각처럼 당사자의 부도덕성만큼이나(이러한 측면이 있음을 부정하지 않는다) 인식론적 오류와 무지에 있음을 다시 한번 강조하려 노력했다.

이제 아래에서는, 좋든 싫든, 가히 21세기 대한민국의 뜨거운 화두로 등장한 '내로남불'에 대한 구체적 논의를 시작해 보자.

1장

'내가 하면 로맨스, 남이 하면 불륜'

일관성의 결여

21세기 대한민국을 살고 있는 한국인이라면 '내로남불'이라는 말을 모르는 사람은 아무도 없을 것이다. '내로남불'의 사전적 정의는 매우 단순하다. 내로남불이란 '내가 하면 로맨스, 남이 하면 불륜'이라는 말의 약자로서, 나에게 적용하는 잣대와 남에게 적용하는 잣대가 다른 이중적 행위를 지칭하는 말이다. 이 경우 이중잣대라는 말은 그 자체로 이미 도덕적 비난의 뉘앙스를 갖는다. 가령 내로남불이라는 용어는 일견 '팔은 안으로 굽는다'는 옛 속담의 그저 21세기 버전에 불과한 것처럼 보이기도 하지만, 실은 조금만 살펴보면 이를 넘어서는 담론이기도 함을 알 수 있다. 왜냐하면 팔은 안으로 굽는다는 속담은 단순히 인간이라면 (사실상) 누구도 벗어나기 힘든 인식과 판단의 자기중심성을 지칭하는 사실판단인 데 반하여(실은 가치판단의 측면이 전혀 없는 것은 아니지만), 내로남불이란 일차적으로 이렇게 누군가의 팔이 안으로 굽는 현상을 비판하는 말, 곧 불가피하게 윤리적·도덕적 뉘앙스를 가질 수밖에 없는 말, 하나의 명백한 가치판단이기 때문이다. 발화 주체의 측면에서 볼 때, 내로남불은 이렇게 누군가의 팔이 안으로 굽어지는 현상에 대해, 팔이 굽어진 당사자가 아니라, 이렇게 누군가 다른 사람의 팔이 굽어지는 현상을 바라보는 다른 누군가에 의해 수행되는 비판적 발언이다. 이런 면에서, 누군가가 '자신의 행위'에 대해 내로남불을 말하는 장면은 쉽게 상상하기 어렵다. 결과적으로, 내로남불은 자신의 행위에 대한 판단과 남의 행위에 대한 판단에 일관성이 결여된 경우를, 곧 '자신의 행동과 타인의 행동을 재는 잣대가 다른 경우'를 도덕적으로 비판하는 담론이다.

1.
'내로남불' 담론을 낳은 21세기 대한민국 사회

그러나 사실 팔이 안으로 굽는 것은 거의 아무도 피할 수 없는 인간의 일반적 경향, 사실상은 불가피하게 받아들여야 할 인간의 한계, 또는 조건에 더 가까울 것이다. 그렇다면 왜 내로남불이 오늘 한국에서는 이렇게 비난받고 있는 것일까? 그에 대한 대답은 아마 (누가 뭐래도) 이전 시대에 비해 그 구성원들 사이의 불평등 정도가 현저히 완화된 오늘 대한민국 사회의 현실에서 찾아야 할 것이다. 모든 사람의 팔이 안으로 굽는다고 할 때, 모든 사람이 사실상 자기에게 적용하는 잣대와 남에게 적용하는 다른 잣대를 가진 이중적 행태를 보인다고 할 때, 달리 말해 모든 사람이 일방적이고도 자기중심적으로 일을 처리한다고 할 때, 그리고 그러한 일이 벌어지는 사회구성원 사이의 불평등이 당연한 것으로 전제되어 있을 때, 부당한 상황에 대한 강자의 이의제기는 착실히 반영되는 반면, 동일한 상황에 대한 약자의 문제제기는 반향 없는 혼자만의 독백으로 사라져 버리게 될 것이다. 그러나 21세기의 대한민국은 적어도 18세기 중반 산업혁명 이래 원래 잘 살았고 착실히 사회의 민주화를 이루어 온 서구·서양의 국가들, 그리고 비서양 국가로서 거의 유일한 예외를 구성해 오던 일본을 제외하고는, 이른바 산업화와 민주화에 모두 성공한 거의 유일한 주요 국가이다. 어떤 한 사회가 전반적인 경제적 수준이 낮고, 민주주의의 실현 정도 역시 낮으며, 그 외 사회보장, 인프라, 교육 등의 수준 역시 모두 낮다고 할 때, 이 사회에 속해 있는 사회적 약자의 발언권만 예외적으로 강할 리는 만무하다.

바로 이런 이유에서 산업화와 민주화가 모두 일정 정도 이상으로 이루어졌으며, 구성원들의 교육 수준과 사회참여의식도 매우 높다고 말하지 않을 수 없는 21세기의 대한민국 사회는 어떤 의미에서는 인간의 보편적 경향이라고까지 말할 수 있는 '팔이 안으로 굽는' 현상을 더 이상 용납하지 않게 된 것이다. 내로남불을 비판하는 현재의 모든 담론은 이렇게 확장된 자유와 평등의 관념에 부합하지 않는 21세기 대한민국의 현실, 부조리하고도 비합리적인 현실을 비판하는 담론이다. 그런데 21세기 대한민국에서는 어떻게 이런 일이 벌어지게 된 것일까? 왜 그렇게 되었을까? 인류의 역사가 늘 그래왔듯이, 팔이 안으로 굽는 행위를 하는 주도적 주체는 늘 사회적 강자일 수밖에 없으며, 이는 대한민국 사회 역시 마찬가지이다. 마찬가지로, 사회적 강자의 맞은편에 존재하는 사회적 약자는 (자신의 작은 사적이고 개인적인 영역이 아니라면) 그렇게 팔을 안으로 굽힐 기회 자체가 주어지지 않았기 때문에, 늘 그러한 '부당함'을 무기력하게 바라보고 있어야만 하는 처지에 머무르고 있었다. 그러나 21세기의 대한민국에서는 이제 모든 것이 달라졌다. 21세기에 접어든 대한민국은 어떤 면으로 보아도 결코 더 이상 사회적 인프라도, 사회보장도, 교육 수준도 모두 낮은, 못사는 나라가 아니며, 사회 전반의 사회적·정치적 민주화 역시 많은 시행착오에도 불구하고 착실히 진전되어 왔다. 마찬가지로 이에 발맞추어 사회구성원들의 경제적 지위와 교육 수준, 사회참여의식 또한 세계 최상위 수준에 도달해 있는 상태이다.

2.
공정과 정의에 대한 관심의 표현으로서의
'내로남불' 담론

　'팔이 안으로 굽는' 강자의 행위를 무기력하게 지켜보아야 했던 예전의 사회적 약자들은 21세기 대한민국에서 이제 더 이상 약하거나 무기력하지도, 고분고분하지도 않다. 멀리는 구한말의 동학과 일제강점기의 독립투쟁으로부터, 해방 이후 4·19, 5·18, 6·29를 거치며 성장한 시민들의 민주주의와 평등, 그리고 자유에 대한 열망은, 21세기 들어 광우병 파동과 세월호, 강남역 살인사건, 촛불혁명을 거치며 비단 정치적·사회적인 차원만이 아니라, 미시정치적·전략적으로도 각성된 전혀 새로운 종류의 시민을 탄생시켰다. 물론 20세기 말, 21세기 초의 김대중·노무현 정권의 탄생을 바로 이렇게 축적된 정치·사회적 관심이 가시적 형태로 현실화된 사건으로 바라볼 수 있을 것이다. 하지만, 나의 개인적 관점으로는, 지성사적·담론분석적 관점에서 정의와 공정에 대한 관심이 가시적 형태로 드러난 최초의 사태 중 하나는 2010년 한국어 번역본이 출간된 마이클 샌델 (Michael J. Sandel, 1953-)의 『정의란 무엇인가?』(*Justice: What's the Right Thing to Do?*, 2009)가 보여 준 폭발적 인기이다. 출판사의 광고에 따르면, 이 책은 현재 대한민국에서만 모두 200만 부가 팔렸다. 최근 대한민국 도서시장의 현황을 생각하면 가히 믿을 수 없는 일이라고 하지 않을 수 없다.

이런 의미에서, 결국 내로남불의 수사학, 내로남불 담론의 존재 자체가 이미 그 자체로 어떤 이유로도 더 이상 미룰 수 없는 사회적 평등(平等, equality)에 대한 관심의 존재를 의미한다. 이러한 평등에 대한 관심의 대두란 동시에 자신들의 사회적·정치적 지위에 대해 각성한 새로운 시민의 탄생을 의미한다. 달리 말해, 내로남불 담론의 비판적 성격은 근본적으로 타인의 이중잣대, 특히 강자의 이중잣대를 향해 있다. 강자의 이중잣대란 쉽게 말해 힘센 자, 있는 자, 강한 자의 '전횡', 달리 말해 강자가 행하는 부정의와 불공정이다. 이런 의미에서, 내로남불 담론이 21세기 대한민국의 주도적 담론 중 하나가 되었다는 사실 자체가 이미 21세기의 대한민국 사회가 더 이상 이런 강자의 부정의와 불공정을 용납하지 않는 사회가 되었다는 사실의 가장 확실한 증명이다. 달리 말해, 내로남불 담론은 단적으로 공정과 정의의 문제, 곧 사회적·정치적 문제와 관련된 담론이다.

3.
내로남불 행위와 내로남불 비판 담론

나는 이 책에서 오늘 대한민국 사회의 지배적 담론이자, 그 자체로 근본 문제로 떠오른 '내로남불' 현상에 대한 담론분석을 수행하고자 한다. 이러한 담론분석은 학문적으로는 철학·인식론·윤리학·정치철학 등의 층위를, 현실적으로는 정치·역사·사회·문화 등의 층위를 포괄하는 광범위한 연구가 될 것이다. 내로남불은 21세기 대한민국 사회의 무의식을 반영하는 동시에 그것을 구성하는 하나의 지배적 현상이자 담론이며, 따라서 우리에게 필요한 것은 이러한 현상 또는 담론에 대한 면밀한 분석일 것이다. 이와 같은 내로남불 담론의 분석은 왜, 그리고 어떻게 내로남불 현상 또는 담론이 21세기 대한민국의 지배적 담론이라는 지위를 차지하게 되었는가, 그리고 (설령 그러한 현상이 지배할 수밖에 없는 불가피한 이유가 존재한다고 하더라도, 그것이 결코 바람직한 것으로서 권장될 수는 없는 것이라고 할 때) 이를 타개하기 위한 근본적 해결책은 어떤 분석 또는 논의로부터 시작되어야 하는가라는 문제를 다루어야 할 것이다.

이를 위해서는 21세기 한국 사회에 만연해 있는 사회적 사실로서의 '내로남불 현상', 이러한 사실 또는 현상에 대한 비판적 담론으로서의 '내로남불 담론'이라는 두 가지 층위를 구분해야 한다. 물론, 내로남불 현상은 내로남불 행위(나와 타인에 대해 이중적 잣대를 적용하는 일)와 내로남불 담론(이러한 자신의 내로남불 행위를 정당화하는 말들, 그리고, 그 동전의 양면으로서, 이에 입각하여 타인을 비난·비판하는 말들)으로 이루어져 있지만, 이 책에서는 논의의 편의를 위해 앞으로 이를 모두 내로남불 현상이라 부르겠다. 그리고 이러한 내로남불 현상에 대한 비판적 담론(이런 '내로남불 행위나 말을 행해서는 안 된다'고 비난·비판하는 말들)을 '내로남불 담론', 또는 '내로남불 비판 담론'으로 불러볼 수 있을 것이나, 후자가 보다 명확한 의미를 전달하므로, 나는 이 내로남불 비판 담론이라는 용어를 주로 사용하겠다. 이 책이 분석하고자 하는 주요 대상은 내로남불 현상이라기보다는 내로남불 비판 담론에 더 가깝다.

4.
내로남불, 이웃과 강자·약자의 구분

1장을 마치며, 이제까지의 논의를 정리해 보자. 나의 책이 가정하는 가장 기본적인 대전제는 다음과 같은 것이다.

내로남불 현상 및 내로남불 비판 담론은 (이러한 현상에 대한 일반적인 인식과는 달리) '도덕적·윤리적' 문제라기보다는(그러한 층위가 존재함을 부정하지는 않는다 하더라도), 차라리 인식론적·정치적 문제로 보아야 한다. 앞서 간략히 논의되었던 것처럼, 내로남불 비판 담론은 근본적으로 '타인'을 향해 던져지는 비판적 담론이다. 그리고 우리는 이 타인을 보다 보편적인 타인, 곧 나와 대등한 힘을 갖는 타인과 나보다 더 힘이 센 타인, 곧 강자의 두 가지로 구분해 볼 수 있다. 우선, 강자로서의 타인에 대한 비판으로서의 내로남불 담론이 발생시키는 정치적 효과는 일견 필연적이며 기본적으로는 바람직해 보이기까지 한다. 그러나, 나와 대등한 타인에 대한 내로남불 비판 담론은 오히려 (좋고 나쁜 의미를 모두 갖는) 자기 정당화라는 부정적인 효과역시 발생시키는 것처럼 보인다. 나는 이 글에서 나와 대등한 타인, 곧 '이웃'에 대한 내로남불 담론의 분석에는 인식론적 층위를, 나보다 강한 타인, 곧 '강자'에 대한 내로남불 담론의 분석에는 정치적 층위를 강조해야 함을 논증할 것이다. 한편, 정치적 층위에서 바라본 내로남불 비판 담론, 곧 공정과 정의를 지향하는 담론, 구성원들 사이의 평등을 지향하는 담론은 이미 그 자체로 하나의 정치적 담론이다.[6]

물론 이때의 '강자'가 이미 '이웃'의 하나, 즉 부분집합인 만큼, 이

두 가지 층위는 명확히 구분 가능한 두 개의 실체가 아니며, 따라서 이러한 층위의 구분 역시 일정 정도 자의성을 가질 수밖에 없을 것이다. 그럼에도 불구하고 나는 양자 사이에는 일정한 차이가 존재한다고 믿는 편인데, 이는 내로남불 비판 담론의 주요 대상이 이웃인가, 강자인가에 따라 유의미한 차이가 발생한다고 믿기 때문이다. 비판의 주요 대상이 강자인 경우, 그 주된 효과는 실로 긍정적이다. 마키

6　18세기 말 독일의 도덕철학자 칸트에 의해 특히 강조되었듯이, 평등 담론에는 이미 기본적으로 보편성 개념이 전제되어 있다. 마찬가지로, 칸트의 보편성 개념은 평등의 개념을 전제한 것이다. 칸트의 철학은 철학적 보편성과 정치적 평등이 분리 불가능한 방식으로 결합된 것이다. 내가 해도 되는 일이라면 너도 그 일을 할 수 있고, 네가 할 수 있는 일이라면 나도 그 일을 할 수 있어야 한다는 것이다. 평등이란 물론 대등한 두 존재, 보다 정확히는 대등한 이성적 두 존재, 또는 보다 현실적으로 대등한 힘을 가진 두 존재 사이에서만 성립하는 담론이다. 근대 도덕철학 담론이 보편성을 대전제로 삼고 있다는 말은 이미 인간들 사이의 질적 불평등을 전제하는 이전의 신분 사회가 붕괴되고, (적어도 원칙적으로는) 대등한 시민들, 평등한 시민들의 사회가 도래했음을 말하는 것이다. 17세기 중반 데카르트의 '나는 생각한다. 그러므로 존재한다'(cogito ergo sum)라는 말에 등장하는 '나'는 인간 모두를 의미하는 것으로, 이 '나'는 인간들 사이의 질적 차이 또는 우열이 완벽히 배제된 보편적 인간, 곧 이성적 인간으로서의 나를 의미한다. 이러한 데카르트의 철학적 '나'를 도덕철학의 영역에서 '나들'의 사회, 곧 시민사회로 확장시킨 것이 칸트의 『실천이성비판』(1788)이라면, 현실의 영역에서 이러한 시민사회의 꿈이 실현된 것이 이른바 1789년의 '프랑스대혁명'(la révolution)이다. 시기적으로 완벽히 동시대에 일어난 두 사건은 모두 데카르트의 보편 이성이 낳은 자식들이다. 이런 의미에서, 평등 담론을 단순한 도덕(철학)적 담론으로만 한정할 수는 없음은 명백하다. 내로남불이 가정하는 인간들 사이의 대등한 평등에 대한 관심 자체가 자신의 지위에 걸맞는 새로운 정치적 권리를 요구하는 욕망의 표현이다. 일반적으로 내로남불 비판 담론은 '보편성'을 도덕철학의 기본적 원리로 설정했던 칸트의 이론과 상당한 유사성을 보인다.

아벨리와 홉스 이래로, 정치는 (이 하늘 아래 모든 다른 영역과 마찬가지로) 신과 섭리의 영역, 변경 불가능한 믿음의 영역, 내가 믿고 따라야 할 운명의 영역이 아니라, 변화 가능한 인간의 영역, 논의하고 토론해야 할 합리성의 영역, 합의와 타협의 영역이다. 통치자, 곧 내가 따르는 강자 일반이란 하늘이 내려 준 나의 주인이 아니라, 우리가 합의하여 뽑은 우리의 종복, 하인이다. 그러나 비판의 대상이 이웃일 경우, 내로남불 비판 담론은 그 자체로 또 하나의 내로남불 현상을 구성한다. 이웃에게 적용시키는 나의 논리를 내가 내게는 적용시키지 않기 때문이다. 그러나 이러한 일을 행하게 되는 이유는 (이러한 일을 보았을 때 내가 받는 막연한 첫인상과는 달리) 나의 도덕적인 결함이라기보다는, 차라리 하나의 인식론적 오류 내지는 무지에 가깝다. 나는 이 책 전반을 통하여 나의 이러한 주장을 논증하려 노력할 것이다.

이것이 내가 이 책을 쓰게 된 가장 주된 이유이다. 이제 이러한 관점에 입각하여, 이어지는 장들에서는 내로남불 비판 담론이 각기 강자와 이웃을 향해 던져질 때 구체적으로 각각 어떤 상이한 담론 효과들을 발생시키는지를 살펴보고자 한다.

2장
이웃, 강자, 약자, 그리고 나
내로남불의 네 가지 대상

내로남불 비판 담론의 대상은 거칠게 이웃과 강자, 약자, 나 자신 등으로 나눌 수 있다. 이때 이웃이란 나와 대등한 힘을 가진 동료 시민을 말하는 것이고, 강자와 약자란 나의 동료 시민 중 나보다 더 큰, 또는 더 적은 현실적 힘을 가진 존재를 지칭하는 말이다. 흔치는 않으리라 생각되지만, 나란 물론 나 자신이 내로남불 비판의 대상이 되는 경우이다. 이렇게 도식적으로 단순하게 나누어 놓으면 이들은 명확히 구분되는 네 개의 실체들로 보일 수도 있지만, 이러한 구분은 사실 그리 간단하게 실행할 수 있는 일이 아니다. 이러한 구분을 행하기 위해서는, 바로 이 책의 문제의식에 따라, 과연 강자가 누구이고 약자가 누구이며, 그것을 누가, 어떤 기준으로, 어떻게 정하는가의 문제가 즉시 대두되기 때문이다.[7] 그러나 이러한 이론적 난점

7　이는 겉보기와는 달리, 참으로 복잡한 해결책을 요구하는 지난한 문제이다. 모든 사람은 강자와 약자, 나아가 '가해자'와 '피해자'가 명확히 실체적으로 구분되는 경우를 상정하고 자신의 논의를 전개해 나가지만, 실은 그러한 경우는 오히려 예외적인 것으로서 매우 드물다고 말해야만 할 것이다. 오늘날 법원의 실제 판단과 일반 시민의 법 감정 사이에 존재하는 괴리는 ─일제강점기와 미군정기에 불가항력적·전면적으로 도입된 (일본화·미국화된) 서양 법학의 제반 원리에 대한 재검토의 필요성만큼이나─

이 존재한다고 해서 현실의 문제를 방기할 수는 없는 일이므로, 나는 향후 이 책의 논의를 진행하기 위한 최소한의 약속, 곧 나의 작업 가설을 아래에서 간단히 제시해 보고자 한다.

우선, 강자를 나와 대등한 시민 중 월등한 힘을 가진 자로 정의할 수도 있을 것이다. 이 경우 대등하다는 것은 원리적인 의미로, 월등한 힘을 가졌다는 것은 현실적인 의미로 파악할 수 있을 것이다. 다음으로, 강자와 약자는 상황에 따라, 영역에 따라, 그리고 결정적으로는 관점에 따라 수시로 바뀐다. 사회생활의 모든 면에서 강자는 영원히 늘 강자로, 약자는 영원히 늘 약자로 유지되는 경우는 다음의 몇 가지 경우를 제외하면 오히려 흔치 않다. 가령 경제적 강자, 이른바 학벌 권력의 강자는 생애 내내 그러한 지위를 유지하며, 특별한 사유가 없는 한, 보통 다음 세대에 계속 이어진다. 이 외에도, 한 개인의 평생 동안 지속되고, 나아가 후대에 대물림되는 몇 가지 경우를 찾을 수 있다. 그러나 보통은 이 경우의 강자가, 다른 경우의 약자가 되는 경우가 있다. 극단적으로는, 이 경우의 가해자가, 다른 경우의 피해자가 되는 일 역시 드문 경우가 아니다. 상대적으로 약자의 지위를 강요받는 어떤 한국인은 같은 직장의 외국인 노동자에

이른바 '피해자'의 '진실'을 믿고 신뢰하는 입장과 그러한 주장의 '진위'를 '검토'해 보아야 한다고 주장하는 입장 사이의 괴리에서 기인한다.

대해 강자가 될 수 있다. 직장에서, 그리고 집에서 핍박받는 30세의 어떤 사람은 3-5세의 자식들에게 절대권력자로 군림할 수도 있다. 오늘 이 친구들로부터 왕따를 당하는 피해자인 내가, 내일은 저 친구를 왕따시키는 가해자가 될 수 있다. 마찬가지로, 시야를 조금 넓혀 보면, 역차별의 경우가 존재한다. 역사적으로 가해자 집단에 속하는 한 개인은 피해자 집단의 구성원이 훨씬 더 많은 어떤 모임에서는 약자가 될 확률이 상대적으로 더 높아진다(한국인 남성과 결혼하여 대한민국으로 이주한 일본인 여성, 또는 그 자녀들의 경우). 우리는 이렇게 앞서 제시한 구분 도식에 꼭 들어맞지 않는 사례를 무수히 많이 찾아낼 수 있을 것이다.

따라서 내로남불 비판의 대상을 이웃, 강자, 약자, 그리고 나 자신의 네 가지 경우로 나눈 것은 논의의 편의를 위한 방편적인 것일 뿐, 이것이 늘 명확히 구분되는 네 가지 독립적 실체는 아니라는 사실, 나아가, 우리가 모든 새로운 개별 사례를 각각의 구체적 상황과 특성에 따라 새롭게 판단해야 한다는 사실을 잘 기억해 둔다는 전제 아래 구체적인 논의를 시작해 보자.[8]

---

8   한 가지를 우선 분명히 해 두자. 이 책은 이른바 '선남선녀의 일반상식'으로 써 내려가는 책이 아니라, (저자 자신을 포함함) 선남선녀의 일반상식에 대한 비판적 검토를 자신의 과제로 삼는 직업적 철학자가 써 내려가는 책이므로, 이 책의 전개가 무비판적인 순진한 상식의 수준에 머물러서는 곤란하다. 무지는 논증이 아니다. 이러한

1.

'이웃'의 내로남불을 향한 비판

1) 내로남불의 부도덕성

21세기 대한민국, 오늘 우리는 누구나 내로남불에 대해 말한다. 사실 모든 것이 내로남불이다. 모든 사람이 타인의 내로남불에 대해 말하고 있다. 너는, 그녀는, 그는, 그들은, 저들은, 모두 내로남불이다! 그러나 어디에서도 나의 내로남불, 우리의 내로남불을 말하는 소리는 들리지 않는다. 적어도 거의 들리지 않는다. 이런 면에서, 사실 우리는 이 단락의 첫 번째 문장을 다음처럼 바꾸어야 할지도 모른다. 21세기 대한민국, 오늘 우리는 누구나 내로남불에 대해 말한다, 오직 타인의 내로남불에 대해서만! 이런 면에서 내로남불은 늘 타인의 내로남불만을 배타적으로 향하고 있는 어떤 것, 사실상 이미 그 자체로 또 하나의 '내로남불'이다. 이는 달리 말해 오늘 대한민국의 내로남불이 (행위와 비판 담론을 막론하고) 사실상 권력투쟁, 보다 정

점을 분명히 해 두고, 논의를 이어 나가 보자.

확히는 담론투쟁을 위한 하나의 장치로서 기능하고 있다는 말에 다름 아니다.

보다 정확히 말해 보자. 오늘 대한민국의 내로남불은 행위와 담론을 막론하고 모두 오직 타인을 향해 있으며, 그 일차적 효과는 도덕적임과 동시에 늘 정치적이다. 내로남불의 담론 효과가 도덕적이라는 것은 타인의 내로남불 행위를 비판하는 담론은 그러한 비판이 향하는 대상이 자신과 타인에게 적용하는 다른 잣대, 이중잣대를 가지고 있음을 비판하는 담론, 곧 상대의 부도덕을 비판하는 담론이라는 의미이다. 내로남불 비판 담론은 그 자체로 하나의 명백한 가치판단을 담고 있는 도덕적 담론, 그리고 그렇게 설정된 도덕적 기준을 통해 상대의 부도덕을 비판하는 도덕적 담론이다. 당연히, 내로남불 행위는 도덕적으로 결코 권장될 일이 아니다. 내로남불은 게임의 규칙을 위반하는 행위, 불공정 행위, 한마디로 반칙이다. 게임의 규칙을 성실히 지키고 있는 이들의 입장에서 보면, 내로남불, 곧 내가 준수하고 있는 게임의 규칙을 누군가가 몰래 어기는 행위, 참여자 모두가 암묵적으로 동의한 것으로 가정되는 공동체의 규칙, 공동체의 성립 근거를 무시하고 자신만을 예외로 두어 자신의 이익을 부당한 방식으로 도모하는 행위는 결코 용납될 수 없는 행위에 틀림없다. 따라서 내로남불은 부도덕한 일이다. 어느 누구도 이에 대한 정당한 이의를 제기하기는 사실상 불가능할 것이다.

2) 내로남불 비판과 칸트의 도덕법칙

내로남불의 부도덕함을 비판하는 기본적 논의구조는 사실상 상당 부분 도덕성에 대한 칸트의 논의를 따르고 있는 것처럼 보인다. 칸트는 자신의 『윤리형이상학 정초』(*Grundlegung zur Metaphysik der Sitten*, 1785/1786)와 이어지는 3비판서 중 하나인 『실천이성비판』(*Kritik der praktischen Vernunft*, 1788)에서 어떤 행위의 도덕성 유무에 대한 기준을 제공하는 근본원리를 의미하는 도덕법칙을 '순수 실천이성의 원칙'이라는 이름 아래 다음처럼 기술한 바 있다.

"그 준칙이 보편적 법칙이 될 것을, 그 준칙을 통해 네가 동시에 의욕할 수 있는, 오직 그런 준칙에 따라서만 행위하라."[9]

"너의 의지의 준칙이 항상 동시에 보편적 법칙 수립의 원리로서 타당할 수 있도록, 그렇게 행동하라."[10]

칸트의 이러한 '순수 실천이성의 원칙'은 조건적인 가언명법(假言

---

9 임마누엘 칸트, 『윤리형이상학 정초』, 백종현 옮김, 아카넷, 2005, 132(*GMS*, B52=IV421).

10 임마누엘 칸트, 『실천이성비판』, 백종현 옮김, 아카넷, 2009(개정판 1쇄), 91(*KpV*, §7: A54=V30).

命法)이 아니라, 무조건적인 정언명법(定言命法)이다. 조건적인 가언명법은 이익에 관계되는 것으로서, '감기에 걸리지 않고 싶다면, 밤에 이불을 잘 덮고 자라'와 같은 문장이다. 이는 이익에 관련된 명령으로 칸트에 따르면 도덕성의 영역이 아니다. 그러나 도덕성에 관련되는 무조건적인 정언명법은 이익에 관련된 명령이 아니며, 당사자 개인 또는 집단의 이익, 의지, 또는 호오와 무관하게, 어떤 누구의, 어떤 예외도 없이, 무조건 준수되어야 하는 명령이다. 칸트는 양자의 차이를 '충고'와 '명령'이라는 말로 정리하고 있다. 매우 복잡하게 들리는 위의 원칙은 쉽게 말해 다음과 같은 의미이다.

'남들이 네게 요구했을 때 네가 받아들일 수 없는 원리를 남들에게 제시하지 마라.'

남들이 네게 했을 때 네가 용납하지 않을 일을 남들에게 하지 마라! 이것은 반박하기 어려운 문장이다. 도덕성이란 그 자체로 대등한 양자 사이의 평등이 전제될 경우에만 성립 가능한 일이다. 이처럼 칸트가 제시한 실천이성의 정언명법은 건강한 상식인이면 받아들이지 않을 수 없는 문장이다. 그리고 내로남불 행위는 바로 이 칸트적 정언명법을 어기는 행위이다. 남들이 했을 때 내가 받아들일 수 없는 행동을 나는 남들 몰래 뒤에서 하는 일, 이것이 내로남불의 행위이다.

3) 내로남불 비판 담론의 정치적 층위

타인의 내로남불 행위에 대한 비판은 그 자체로 이미 평등하지 않은 관계, 불평등한 관계에서는 제기될 수 없는 비판이다. 평등하지 않은 관계란 그 자체로 이미 '너는 할 수 없고 해서는 안 되는 일을 나는 해도 된다, 또는 할 수 있다'라는 말, 곧 일종의 '내로남불'을 당연한 전제로서 받아들이는 관계이기 때문이다. 따라서 내로남불에 대한 비판은 오직 (적어도 원칙적으로는) 평등한 관계에서만 이루어질 수 있는 비판이다. 내로남불에 대한 비판이란 '우리는 평등해야 하는데, 실제로는 평등하지 못하다'라는 분노의 말, 나아가 '우리가 평등하지 못한 것은 너의 규칙 위반, 반칙 행위 때문이다'라는 비판의 언사와 다름 없다. 그리고 바로 이런 의미에서 내로남불에 대한 비판은 철학적 보편성의 관념, 실제적인 사회적 평등의 관념을 전제로 하고 있다. 내로남불은 공정(公正, fairness)과 정의(正義, justice)에 관계된 말이며, 바로 이런 의미에서 내로남불은 그 자체로 이미 사회적·정치적 차원을 포함한다. 사회적·정치적으로 대등하지 않은 이들 사이의 관계에서 누군가가 타인의 내로남불을 비판한다고 해서 실제의 사회적 현실이 이를 반영·수정한다는 것은 있을 법하지 않은 일이기 때문이다. 이러한 반영과 수정은 내로남불 비판 담론이 (약자에 의해서가 아닌) 오직 '강자'에 의해서 발화되었을 경우에만 실제로 수행될 것이다. 따라서 타인의 내로남불 행위에 대한 비판은 반드시 현실적인 사회·정치적 평등이 실제 사회에 확립되어 있을 때, 또는 적어도 확립되어야 한다는 당위가 해당 사회의 구성원 사이에서 광범위하게 받아들여지고 있을 때에만 가능해지는 정치적 담론이다.

따라서 21세기 한국 사회에서 내로남불 비판 담론이 거의 지배적 '시대정신'의 지위를 차지하고 있다는 사실은 그 자체로 이미 21세기의 대한민국이 이전과는 다른 사회로 진입했다는 방증이다. 왜냐하면 내로남불 현상은 인류 역사상 동서고금을 막론하고 없었던 적이 없으며, 사실상 (오직 줄이고자 노력할 수 있을 뿐) 영원히 근절될 수 없는 인간의 근원적 결점 중 하나이기 때문이다. 이처럼 '강자만이 하고 싶은 일을 규칙을 어겨 가며 할 수 있었던' 내로남불 현상은 대한민국 사회에서도 유사 이래로 늘 있었던 일이다. 그런데 이렇게 늘 있어 왔던 내로남불 현상이 21세기 대한민국 사회에서 비판의 대상이 되어 사회적 의식의 표면에 떠올랐다는 것을 무엇을 의미할까? 사실, 참으로 놀라운 일은 내로남불 현상과 그에 대한 비판이 있다는 사실 그 자체가 아니라, 차라리 다음과 같은 질문일 것이다. 왜 이제까지는 별로 의식되지도 않았고 따라서 결과적으로 늘 용납되어 오던 어떤 일이 어느날 갑자기 내로남불이라는 호칭과 더불어 의식의 전면에 떠올랐는가? 내로남불 비판 담론이 사회적 의식의 전면에 떠올라 왔다는 사실은 그 자체로 다음과 같은 일련의 사실들을 의미한다. 이는, 현상과 비판을 막론하고, 내로남불이 사회적 의식의 전면에 부상했다는 사실 자체가 이제까지는 늘 있어 왔고 늘 용납되어 왔던 내로남불이라는 일이 이제는 더 이상 용납될 수 없는 일이 되었다는 사실을 보여 주는 것이다. 나아가, 이는 21세기의 대한민국 사회가 이러한 일이 부당하다는 명확한 인식을 갖고 있고, 이런 일을 더 이상 용납하지 않겠다는 분명한 의지를 갖고 있으며, 약자들의 연대가 그러한 일을 실제로 퇴치할 수 있는 현실적 힘을 보유했다는 자신감을 반영하는 사태이다.[11] 21세기의 대한민국은 20세기의 대한민국이 아닌 것이다.

4) 내로남불이라는 내로남불?

이처럼 새롭게 등장한 현상으로서의 내로남불 비판 담론은 철학적으로 다양한 인식론적 문제를 제기하는데, 아래에서는 이를 하나씩 살펴보자.

우선, 내로남불 비판 담론은 사실상 그 자체로 또 하나의 내로남불 행위일 수 있다. 그러나 나의 이 책이 말하고자 하는 바는, 설령 이러한 나의 지적이 사실이라 할지라도 여기에는 (사람들이 흔히 생각

---

[11]   이에 대해서는 이 책의 '자매'라 할 나의 『그맞지틀』에서 상세히 설명했다.

하듯, 어떤 '개인적인 도덕적 게으름'이라기보다는) 차라리 하나의 **인식론적** 오류 내지는 무지가 근본 원인으로 작용한다는 점이다. 모두가 내로남불을 말하고 있으며, 모든 이들이 진영논리가 아닌 '불편부당한' 관점에 기초한 '객관성'과 '중립성', '전체를 보는' '균형 잡힌' 시각에서 사태를 보아야 한다고 말한다. 그러나 우리가 (나 자신을 포함하여) 내로남불을 말하는 이들을 차분히 살펴볼 때, 이들 모두는 자신이 아닌, 오직 타인들의 내로남불에 대해서만 말하고 있다는 사실을 깨닫게 된다. 우리는 나의 내로남불이 아닌, 오직 **타인들**의 내로남불에 대해서만 말하고 있다!

그러나 이는 실제로 내가 옳은 말을 하고 있고 상대가 잘못된 말을 하고 있기 때문에 불가피한 일은 아닐까? 이러한 일에 대해서는 일반론을 말할 수 없고, 매번 저마다의 개별적 사례를 잘 살펴보아야 하겠지만, 어떤 경우에는 실제로 그런 경우도 있을 것이다. 그러나 '타인들이 볼 때에는 나 역시 타인에 다름 아니기 때문에' 이러한 확신은 조금 지지하기 어려운 곤란한 결론을 가져온다. 모든 상황과 경우에 대하여, 오직 나만이 늘 옳을 수는 없기 때문이다. 그런 사람은 오류가 전혀 없고 실수가 전혀 없는 전지자, 곧 신이라고 해야 할 것이다. 그러나 인간들 중에는 신이 없다. 따라서 우리는 다음과 같은 결론에 도달한다. 타인들의 내로남불만을 말하는 나는 늘 나 자신을 내로남불의 **바깥**에, 곧 예외로 두고 있는 것이다. 또는 보다 정확히는 이렇게 말해야 할 것이다. 타인들의 내로남불만을 말하고 있는 나는 늘 나 자신의 내로남불에 대해 눈감으면서 나 자신을 내로남불의 바깥에, 곧 예외로 두고 있는 것이다. 그렇다면 이때 우리는 이렇게 타인의 내로남불을 비난하면서 정작 자신은 내로남불을 행하고 있는 사람들에 대해 그들이 '자기기만'이라는 도덕적 잘못을 저지르고 있다고 분노해야 하는 것일까?

5) 상대주의의 문제

물론 누군가가 자신만을 늘 내로남불의 예외로 두면서 타인들의 내로남불만을 비판할 때 이는 분명 잘못된 일이라고 말하지 않을 수 없다. 동일한 하나의 사태에 대해 여러 사람이 모두 동시에 옳을 수는 없을 것이기 때문이다. 그러나 이에 대해서는 강력한 반론이 제기될 수 있을 것이다. 각자의 입장은 그 자신의 관점에서는 옳은 것일 수 있다는 반론이 바로 그것이다. 남들이 보면 그 입장은 틀린 것으로 보일 수도 있겠지만, 그 사람 자신의 입장에서 보면 이는 틀린 것이 아니라, 다 그럴 만한 이유가 있는 타당한 것, 옳은 것이다. 이러한 입장은 전통적으로 철학에서 상대주의(相對主義, relativism)라 불리는 입장이다.[12] 상대주의는 물론 모든 상황에 들어맞는 하나의 절대적·보편적 기준이 존재하는 것이 아니라, 각각의 구체적·개별적 상황들에만 적합한 매번 다양한 복수의 기준들이 존재한다는 입장이다.

그러나 전통적인 상대주의 비판에서 잘 드러나듯이, 이러한 입장에도 문제는 있다. 전통적 비판은 두 가지인데, 우선, 상대주의는 자신의 입장만은 상대주의적인 것으로 가정하지 않으며, 자신의 입장과는 모순되게도 자신의 입장을 '보편적인' 것으로 가정하고 있다. 상대주의에 대한 이런 비판은 상대주의가 다음과 같은 자기모순적인 형식을 갖는다고 말한다. "모든 것은 상대적이라는 말은 옳다. 그런데 이 말만은 상대적이지 않다." 따라서 이러한 주장은 (아마도 이러한 주장을 펼치는 사람의 원래 의도와는 달리) 상대주의를 옹호하려는 논리의 일관성을 파괴하고 만다. 다음으로, 이러한 상대주의적 주장은 '일정한 시점에서 적절한 진위판단의 체계가 주어진다면 상대주의로 나아가지 않을 수도 있는 모든 사태를 상대주의로 몰고 간다'는 비판이 존재한다. 이는 상대주의가 논리의 다양한 층위

12　상대주의는 절대주의(絕對主義, absolutism)에 짝하는 말로서 모든 것에 들어맞는 하나의 절대적 기준이 있는 것이 아니라, 각각의 경우에만 들어맞는 여러 개의 기준들이 존재한다는 입장이다. 그런데, 유사한 의미를 가지지만, 철학에서는 사실 절대주의라는 말보다 보편주의(普遍主義, universalism)라는 말을 선호한다. 우리는 이러한 보편주의의 상대어로서, 개별자의 구체적인 매번의 상황을 지칭하는 특수주의(特殊主義)라는 말이 존재하지만, 상대주의와 관련된 논변에서 이 용어의 사용빈도는 여전히 상대적으로 낮은 편이다. 따라서 독자는 '상대주의에 짝하는 말은 보편주의이다'라는 정도로만 기억해 두면 앞으로의 논의를 따라가는 데 충분할 것이다.

를 무시한 입장일 수 있다(그리고 이렇게 다양한 논리의 층위를 무시하는 행동 자체가 이미 상대주의의 입장과는 어긋난다)는 주장이다. 다음과 같은 예를 들어 보자. 가령 우리가 차와 커피, 녹차 또는 콜라 중 무엇을 마시고 싶은가라는 문제가 있다고 할 때 이에 대해서는 하나의 유일한 답이 있을 수 없고, 실은 있어서도 안 된다는 점을 쉽게 알 수 있다. 그러나 또 다른 영역, 가령, '과연 우리가 약자에 대한 혐오 담론을 인정하고 용인해야 하는가'라는 문제가 제기될 경우, 상대주의는 이러한 혐오가 '정당하다'고 주장하는 입장에 대해 어떠한 유의미한 반대 논거를 제시하기 어렵다. 상대주의를 이렇게 무차별적으로 적용하는 입장, 곧 '강한' 상대주의의 입장 아래 정식화시킬 경우, 이 세상에 존재하는 모든 입장은 각기 나름의 이유를 가질 것이므로, 상대주의의 입장 그 자체만으로는 이렇게 혐오를 정당화하는 주장을 적절히 제어하거나 반대 논거를 들기 어렵다. 이 세상의 모든 입장은 나름의 가치가 있으며, 모든 것은 관점의 문제라는 것이 상대주의의 입장이기 때문이다. 이러한 강한 의미의 상대주의는 '다양성의 존중'이 문제시되는 경우에 대해서는 유익한 결과를 발생시킬 수도 있지만, 때로는 '모든 입장에 대한 가치판단을 전적으로, 또는 상당 부분 유보함'으로써 현실에 존재하는 강자의 '부당한'(상대주의의 입장에서는 이 또한 또 하나의 상대적인 입장에 불과하다) 폭력을 정당화하는 (본의 아닌?) 결과를 가져올 위험이 높다.

정리해 보자. 우선, 상대주의는 어떤 특정 영역, 또는 특정 사태를 바라보는 일정한 진위판단의 체계가 주어지지 않았을 경우, 옳은 주장일 수도 있다. 그러나, 상대주의는 때로 (일정한 진위판단의 체계가 일정한 시점에 주어졌을 경우 적절히 제어될 수도 있었을) 다양한 가치판단들 사이의 위계를 부분적으로, 또는 전적으로 부정함으로써 이러한 가치 체계들 사이의 가능하고도 '정당한' 위계를 파괴하는 효과를 발생시킨다. 마지막으로, 아래와 같은 경우가 있을 수 있다(이는 사실 상대주의의 '약점'이라기보다는 차라리 상대주의에 대한 '오해'라고 부르는 것이 더 적절할 것이다). 내가 녹차와 콜라 중 하나를 택할 때는 이를 제어할 체계가 주어질 필요도, 당위도 없겠지만, '맥주 다섯 병을 마시고 운전을 했지만, 음주운전은 하지 않았다'라는 주장은 처음부터 상대주의적 논변이 적용될 수 있는 영역 자체가 아니다. 이는 상대주의의 문제라기보다는 이미 주어진 '음주운전'이라는 단어의 의미와 맥락을 이해하고 있는 어떤 누구에게도 '합리적인' 것으로 받아들여질 수 없는 종류의 주장이기 때문이다.

결론적으로, 우리가 상대주의 이러한 여러 특성을 감안해 본다면, 우리는 앞서 우리가 검토하던 주장, 곧 '모든 주장은 각자의 관점에서는 옳은 것일 수 있다'는 주장을 좀 더 명확히 이해할 수 있게 된다. 각자는 나름의 관점에서 보면 나름 옳은 주장, 타당한 주장, 설득력 있는 주장을 하고 있다는 '상대주의적' 주장은 일정한 진위판단의 체계가 주어지기 전에는 타당할 수도 있는 주장이다. 하나의 동일한 사태를 누군가는 이런 관점에서 바라볼 수도 있고, 또 다른 누군가는 저런 관점에서 바라볼 수도 있기 때문이고, 실제로 모든 사태는 모든 사람에 의해 바로 실제로 늘 이렇게 바라보아지고 있기 때문이다. 이런 주장을 우리가 실제로 일어나고 있는 사태에 대한 사실적 묘사로서 바라본다면 이는 더없이 적절한 기술(記述)일 것이다. 그러나 사람들이 모든 것을 늘 이렇게 본다는 사실이 있다고 해서, (살인이 늘 일어난다고 해서 우리가 그것을 정당화할 수는 없듯이) 우리가 일제의 침략이나, 나치의 학살, 광주학살, 나아가 지금도 지구상의 모든 곳에서 끊임없이 지속되고 있는 갑질과 왕따, 강도와 살인, 아동학대와 성폭력을 모두 '그럴 수도 있는 일, 그래도 되는 일'이라고 말할 수는 없다. 이런 일들은 '다를' 뿐만 아니라, 단순히 '틀린' 일들이다. 따라서 내로남불에 관련된 (적어도 '강한' 의미의) 상대주의적 주장은 기각되는데, 이 경우 우리의 결론은 이른바 '비판적 상식'에도 들어맞는다.

6) 각자의 '상대적' 관점을 넘어서는 '객관적' 관점은 불가능할까?

우리는 늘 어떤 '하나의 (동일한) 사태'를 각자의 관점으로 본다(실은, 우리들 각자가 '동일한' 하나의 사태를 보고 있는지조차도 논쟁적이다). 실은 우리 중 누구도 나의 관점이 객관적 관점이라고 주장하기가 쉽지 않은 만큼, 그리고 스스로가 객관적인 관점이라고 믿는 경우라 할지라도 이것이 상황에 대한 개인적인 믿음을 넘어 실제의 '객관적' 사실을 기술하고 있는 것인지를 확신하기가 쉽지 않다는 점을 생각해 볼 때, 이것은 하나의 주장이라기보다는 차라리 하나의 '사실'을 기술하고 있는 사실판단이라고 보는 것이 신중한 입장일 것이다. 논점의 이해야말로, 학문과 철학의 기본이라고 할 때, 우리가 이 책에서 살피고자 하는 단 하나의 논점은 바로 이것이다. '각자의 관점으로 본다'라는 말은 무엇인가 우리를 필연적으로 상대주의, 주관주의, 나아가 편파적인, 부분적 인식으로 이끌고 가는 듯하다. 그러나 이러한 주관주의적, 상대주의적, 부분적, 편파적 인식이 아닌, 불편부당하고 중립적인 객관주의적, 보편주의적 사실을 '있는 그대로' 바라보는 인식, 전체를 바라보는 균형 잡힌 인식은 정말 불가능할까? 그런 인식은, 비록 아직 우리가 도달하지 못했고, 따라서 우리가 아직 모르고 있을 뿐이라 해도, 어딘가에 존재하고 있는 것은 아닐까? 아직 우리가 도달하지 못했다고 해서 그런 것이 존재하지 않는다고 단언하는 것 역시 섣부른 판단이 아닐까? 또는 실은 이미 우리 중 누군가는, 감히 조금 더 정직하게 말해 본다면, '나'는 이런 판단에 도달한 것이 아닐까?

이에 연관되는 논의는 니체의 '신은 죽었다'는 말과 연관되는 현대 철학의 핵심적 논점 중 하나이다. 철학과 일상은 우리가 생각하는 만큼 그리 멀리 떨어져 있지 않다. 철학과 일상은 둘이 아니다. 또는, 차라리 철학은 일상과 일생을 아주 조금, 그러나 근본적으로 바꾼다고 말해야 할 것이다. 이 작은 아주 조금이 나의 일상과 일생을 근본적으로 변화시킨다. 이에 연관되는 논의는 이 책의 핵심 주장과도 직접적으로 연관되는 것이므로 이 부분은 현재의 논의를 마친후, 별도의 독립적인 장에서 보다 자세히 살펴보도록 하자.

2.
'강자'의 내로남불을 향한 비판

1) 권력의 남용에 대한 비판

이제 다음으로, 상대적으로는 '보다 단순한 경우인 것처럼 보이는' (그러나 사실은 역시 그렇게 단순하지만은 않은) 강자의 경우를 살펴보자.

먼저, 강자의 내로남불 행위에 대한 비판 담론은 매우 건강한 것이라 하지 않을 수 없다. 팔이 안으로 굽게 되어 있는 것이라면, 사실 내로남불은 아무도 피할 수 없는 행위, 인지상정에서 기인한 행위일 것이다. 그러나 이러한 일반론이 아니라, 현실에서 우리가 실제로 목격하는 강자들, 사회 기득권의 내로남불은 상대적 약자, 곧 일반인들의 내로남불과는 실로 '차원이 다른 것'이라고 말하지 않을 수 없다. 이 자리에서 구체적인 예를 들거나 하지는 않겠지만, 이에 대해서는 큰 이견이 없을 것으로 믿는다. 이른바 '아빠찬스, 엄마찬스'라는 말로 대변되는 강자, 가진 자, 기득권 계층의 내로남불 행위는 이제 결코 용납될 수 없다, 용납되어서는 안 된다. 내로남불 자체가 이미 게임의 위반, 곧 반칙이지만, 강자의 내로남불은 실로 일반인들의 그것과는 차원을 달리하는 반칙이다. 사회의 공정 게임은 반칙이 게임의 일부이자 전술로 용인·활용되는 프로레슬링 또는 축구와는 다른 게임이다. 이러한 사태는 섬세한 정신으로 옥석을 가려야 할 일이고, 구성원들 스스로가 '내가 잘 알지 못하는 타인에 대하여 함부로 말하지 않겠다'는[13] 구성원들의 결단이 필요한 영역이

---

13   나는 2010년대 이후의 한국 소설, 특히 최은영, 황정은, 정세랑, 한강 등과 같은 이들로 대표되는 젊은 여성 작가들에게서 이런 태도가 발견된다고 생각한다. 내가 잘 알지 못하는 타인에 대해서 함부로 말하지 않겠다는 이러한 섬세한 윤리적 결단은 비단 한국 문학만이 아니라, 세계사적으로 보아도 결코 유례가 없는, 새로운 종류의 윤

나, 결론적으로는 그 어떤 경우에도 용납되어서는 안 된다.

2) 공정한, 진영으로부터 자유로운 비판?

강자의 내로남불에 대한 비판은 이견의 여지 없이 올바른 행위이다. 그러나 앞서도 간단히 언급한 것처럼 '강자'의 문제는 몇 가지 복잡한 인식론적 문제를 불러일으킨다. 우선, 강자가 과연 (보통 사람 또는 약자와 늘 분명히 구분되는) '독립적 실체'인가라는 문제를 살펴보아야 한다. 다음으로, 진영논리에 따라 강자를, 실은 강자만을 비판하는 '선택적 비판'의 경우를 살펴보아야 한다. 마지막으로, 강자의 비판이 역차별로 기능하는 지점에 대한 검토가 필요하다. 아래에서는 이를 순서대로 간략히 다루어 본다.

① 우선, 강자는 (보통 사람 또는 약자와 늘 분명히 구분되는) 독립적 실체

리적·문학적 감수성으로 보인다. 이제까지의 한국 소설이 그려 내고 있는 주인공, 또는 작가의 분신으로서 작가가 공감하는 화자의 상당수는 (국가의 폭력이든, 개인적·사적 영역의 폭력이든) 보통 피해자들로 그려졌다. 목소리를 빼앗긴 피해자에게 그들의 목소리를 돌려준다는 이러한 의도와 목적은 매우 고귀한 것이며, 문학적으로도 훌륭한 결과를 낳았다고 생각한다. 그러나 위에서 언급한 이들로 대변되는 새로운 시대의 작가들은 이를 넘어, 이를 포용하면서, 나 자신이 가해자가 될 가능성, 내가 폭력의 가해자가 될 수 있는 잠재적 가능성을 사유함으로써 그 지평을 넓혔다. 나는 이를 한국 소설을 넘어, 소설 그 자체의 새로운 성숙이라고 말하지 않을 수 없다고 생각한다.

인가라는 문제를 살펴보자. 앞서 지적했던 대로, '강자'는 주어진 구체적·사회적 현실 속의 강자를 의미한다. 그러나 '강자'라는 개념이 늘 그렇게 명확히 구분 가능한 독립적 실체인 것만은 아니다.

먼저, 이 경우의 강자가 저 경우의 약자가 되고, 이 경우의 약자가 저 경우의 강자가 되는 경우가 있다. 이에 대한 예로서는, 회사의 말단 사원인 약자가 집에서는 연장자이자 경제적 능력을 갖춘 유일한 인물인 가장이 되면서 강자가 될 수 있다. 마찬가지로, 부하 직원 앞의 강자는 상급자 앞에서는 약자가 된다. 강자와 약자란 누구나 쉽게 알 수 있듯이 상대적인 개념이다. 그러나 그럼에도 불구하고 주어진 특정 지역, 특정 시기의 특정 상황에서 이러한 구분은 일정한 지속성을 갖기도 한다. 가령 회장의 아들인 신입사원은 여타의 신입사원들과 겉으로는 같아 보이지만, 이들이 같은 회사를 계속해서 다니는 한, 기본적으로 (다른 신입사원들에 대한, 심지어는 자신의 상급자들에 대해서조차) 강자의 지위를 점유하게 될 것이다. 마찬가지로, 한 사회의 기득권층은 일정한 예외를 제외한다면 상당수의 경우 그들의 일생 동안 그 사회의 기득권을 갖는 '강자'로서 살아가게 된다. 이 재산과 권력, 그리고 능력의 '상속자들'은 각종 유·무형의 '자본'을 대물림 받은 사회의 기득권층, 곧 강자들이다. 이들은, 원칙과 현실 양측면 모두에서, 주어진 사회 안에서의 기회와 능력의 원초적 불평등을 증거하는 존재들이다.

나아가, 두 사람이 존재한다고 할 때, 이 측면의 강자가 저 측면에서 보면 약자가 되기도 하고, 이 측면의 약자가 저 측면에서 보면 강자가 되기도 한다. 말단 직장인인 나는 회사에서는 일반적으로 '약자'에 속하게 되지만, 태어날 때부터 정신 지체 장애를 가지고 있고 무직의 기초생활수급자인 어떤 사람의 관점에서 보면 '정상인', 곧 사회적 '강자'로 비춰진다. 회장의 딸로서 27세에 전무가 된 나는 회사에서는 '강자'이지만, 집에서는 가장이자 회장인 아버지에게 여전히 구타를 당하는 말 못 하는 아픔을 지닌 '약자'일 수 있다. 그 자체로 키가 큰 사람, 작은 사람이란 존재하지 않으며 오직 그 사람이 지금 어디에, 누구와 있는가에 따라서만, 그의 키가 크거나 작다고 말할 수 있다. 모든 것과 마찬가지로, 한 인간은 현재 자신이 속한 주변 사람들과의 관계에 따라서만 특정 방식으로 규정 가능하다.

② 다음으로, 진영논리에 따라 강자'만'을 배타적으로 비판하는 선택적 비판의 경우를 살펴보자. '나는 진영논리를 따르지 않겠다' 또는 '진영에 따라 판단하지 않겠다'라는 말은 나의 편, 남의 편을 가리지 않고, 공정하게 판단하겠다는 의지를 표명하는 말이다. 그러나, 이 책의 뒷부분에서 보다 상세히 다루게 되겠지만, 내로남불은 다른 어떤 영역에서보다 특히 정치·사회의 영역에서 강력히 관찰되는 현상이다. 내로남불이란 바로 이렇게 내가 속한 진영, 또는 보다

정확히는 내가 속해 있다고 스스로 믿는 진영에 따라, (거의) 동일한 사태에 대한 판단이 전혀 달라지는 것이다. 이러한 문제의식이 적절히 설정된 것이라면 현실적인 여러 문제에 대해 우리가 취해야 할 태도는 간단히 도출될 수 있을 것이다. 우리는 자신이 속한, 또는 속해 있다고 믿는 진영의 논리에 따라 동일한 사태를 달리 보는 '편파적' 관점을 버리고, 오직 '사실에 입각한' 정직한 태도로 사태를 '객관적으로' 보아야 할 것이다.

그런데, 재미있는 것은 어떤 사람들이 아닌, 거의 모든 사람들이 내가 아닌 타인들, 나와 다른 정당을 지지하는 집단의 내로남불만을 말하고 있다는 사실이다. 말하자면, 이들의 생각은 이렇다. 상대는 진영논리이지만, 나는 진영논리가 아니다. 또는, 한 걸음 더 나아가, 서로 대립하는 이들 두 진영은 진영논리이지만, 이 두 진영의 바깥에서 적절한 거리를 취하며 사태를 바라보는 나는 진영논리를 따르지 않는다. 나는 진영논리에 사로잡힌 이들 중 누구도 보지 못하는 단순한 '진실', 사태의 '본질'을 본다. 이러한 태도가 내게 가능한 것은 내가 어떤 관점이나 이익과도 무관하게 객관적인 위치를 신중히 유지하고 있기 때문이다. 그런데, 한국어를 사용하는 우리 모두가 잘 알다시피, 이때의 '객관적'이란 용어는 '중립적', '있는 그대로' 등의 용어로도 바꾸어 쓸 수 있는 용어이다. 자, 그런데 이러한 관점은 타당할까? 이런 관점은 가능할까? 이것은 악의는 아닐지라도, 하나의 무지, 하나의 단순한 인식론적 오류에 기초한 말이 아닐까? 나는 방금 이렇게 썼다. 자기가 속한 진영, 또는 보다 정확히는 내가 속해 있다고 스스로 믿는 진영에 따라, (거의) 동일한 사태에 대한 판단이 전혀 달라진다. 그러니, 우리는 자신이 속한, 또는 속해 있다고 믿는 진영의 논리에 따라 동일한 사태를 달리 보는 '편파적' 관점을 버리고, 오직 '사실에 입각한' 정직한 태도로 사태를 '객관적으로' 보아야 할 것이다. 이 말을 어떻게 보아야 할까? 이러한 말을 분석하기 위해서 우리는 적어도 다음의 두 가지 사항에 대해 세심히 따져 보아야 할 것이다.

우선, 우리는 진영 없이, 나의 이해·관심(interest)과 무관하게 중립적, '객관적'으로 사태를 바라볼 수 있을까? 이른바 '객관성'이라는 19세기의 신화는 철학이나 과학의 영역에서는 파기된 지 오래지만 일반인들에게는 아직도 상당 부분 유의미한 담론으로 남아 있다. 나는 이 책을 이러한 '객관성'의 관념이 오히려 현실적 갈등을 불러일으키는 근본 원인이라는 생각으로 이 책을 쓰고 있다. 니체를 다루는 부분에서, 상세히 검토하게 되겠지만, 어떤 누구도 관점·관심 없이, 사태를 '있는 그대로' 볼 수 없다. 이는 어느 누구도 특정 진영에 입각하지 않고 사태를 볼 수 없다는 의미이다. 물론 한 사람은 어떤 사태에 대하여 지금 현실에서 대립하는 둘, 또는 그 이상의 진영들이 대립하는 사태에서 이들 중 어느 진영의 해석에도 얽매임 없이

(이것이 사람들이 말하는 '진영논리에 속하지 않고'라는 의미일 것이다) 내가 생각하는, 또는 그렇다고 내가 믿어 의심치 않는 '올바른' 판단을 내릴 수 있을 것이다. 그러나 실제로 이것이 사태에 대한 올바르고도 중립적인 판단인가라는 문제는 이러한 자신의 신념 또는 생각과는 전혀 다른 층위에 속하는 사태이다.

다음으로, '동일한' 사태라는 표현에 대해서도 다시 검토해 보아야 한다. 과연 이 세계에 동일한 사태라는 것이 있을까? 이러한 표현은 두 개의 다른 사태들 중 같은 부분만을 지칭하고 나머지 부분은 거론하지 않기로 결정한 선택을 의미하는 수사학적 표현이다. 각자의 연인에게 '실연' 당한 두 명의 인간은 '나는 여전히 그를 보고 싶은데 상대는 나를 떠나갔다'는 사실만을 제외하고는, 글자 그대로 그 외의 모든 상황, 가령 서로가 만난 기간, 사회자본 및 경제적 능력상의 차이, 서로에 대한 심리적 의존도, 떠난 사람의 성별, 두 사람의 나이 등 모든 면에서 서로 다를 것이다. 이러한 차이를 무시하고, "실연이란 건 말이야-" 하고 말을 건네는 사람은 자신의 주관적 체험을 보편적 상황으로 간주하는 일반화의 오류를 피하기 쉽지 않을 것이다.

결국, 이 세계에서 일어나는 모든 일은 매번 모두 다른 사태들이고, 동일하거나 거의 동일한 사태가 두 번 일어나는 일이란 전혀 없으므로, 우리는 매번의 다른 사태들에 대해 섬세한 정신으로 이를 세심히 검토해 보아야 할 것이다.

③ 마지막으로, 강자에 대한 비판이 역차별로 기능하는 지점에 대해 검토해 보자. 사실, 강자에 대한 비판이 역차별로 기능하는 경우는 위에서 우리가 검토한 두 가지 요인들로 인해 충분히 가능한 사태라고 말하지 않을 수 없다. 민주사회라면, 약자의 인권만큼이나, 강자의 인권 역시 동등하게 존중받아야 한다. 차별과 역차별을 막론하고, 모든 종류의 차별을 막기 위한 섬세한 구분방식은 강자와 약자를 상황과 무관한 독립적 실체들로서 가정하는 오류를 피하는 일과 같다. 강자와 약자란 오직 그 주체가 놓인 상황, 그들 주변에 있는 이들과의 상대적 관계 규정에 따라서만 결정 가능한 사항일 따름이다. 영원한 강자, 모든 면에서 강자가 한편에 있고, 영원한 약자, 모든 면에서 약자가 다른 편에 있는 것이 아니다. 강자와 약자란, 실체적 규정이 아니라, 각각의 상대적 관계를 따라 달라지는 생성적 규정에 따르는 두 개의 지칭들, 편의를 위한 지칭들로서 이해되어야만 한다.

3.
더 특별한 이웃, '약자'의 내로남불을 향한 비판

이 절에서는 극도의 조심스러움과 섬세한 정신이 요구되는 경우, 곧 약자의 내로남불에 대한 경우를 살펴보자. 강자가 아닌 약자의 내로남불에 대해 말할 수 있을까? 얼핏 이러한 질문 자체가 무엇인가 조금 이상한 질문으로 비춰진다. 그러나 방금 논의한 것처럼, 약자의 내로남불도 사실 얼마든지 가능하다. 강자의 '갑(甲)질'에 대비되는, 이른바 '을(乙)질'이 그것이다. 그런데, '을질'이란 것이 정말 가능할까? 물론 가능하다! 사실은 무척이나 조심스럽고 복잡한 주제이기는 하지만, 이러한 사실은 방금 우리가 논의한 바와 같이 강자와 약자를 두 개의 독립적인 실체적 규정이 아닌, 주어진 특정의 구체적 관계에서만 생겨나는 생성적 규정으로 바라볼 때, 쉽게 이해될 수 있다. 가령 기본적으로 부르주아와 프롤레타리아 사이의 계급투쟁이라는 관념을 통해 세계를 바라보는 마르크스의 도식에서는 프롤레타리아의 고통은 인식되기 쉽지만, 부르주아의 고통은 상대적으로 인식되기 어렵다. 부르주아의 갑질은 쉽게 인식되는 반면, 프롤레타리아의 을질은 상대적으로 쉽게 인식되지 않는다. 나아가 정규직 프롤레타리아가 비정규직 프롤레타리아에 대해 행하는 병에 대한 을질은 더욱더 인식되기 어렵다. 나는 지금 (기울어진 운동장에서) 갑도, 을도, 병도 사실은 다 마찬가지이다라는 말을 하는 것이 아니다. 다만 기울어진 운동장의 일반적 불평등을 충분히 인정한다는 조건 아래, 개별 사례에 대한 역차별이 존재할 수 있음 역시 인식해야 한다는 말이다(물론 이렇게 보편-특수의 이분법을 옳은 것으로 가정하는 대전제 자체가 이미 잘못된 문제설정이다. 이러한 개별 사례들이 모여서 일반 이론이 사후적으로 구성되는 것이지, 일반론이 상수로서 존재하고, 그에 대한 예외로서의 특수한 사례들이 존재하는 것이 아니다).

지금 내 논의의 핵심은 일반론이 일반론에 잘 들어맞지 않는 이러한 현실적 사태들을 나의 시야에서 '편안하게' 사라지게 만듦으로써 이들의 엄연한 고통을 인식되기 어렵게 만든다는 비판이다. 이 세상에는 물론 시어머니에 의해 학대당하는 며느리, 부모에게 학대당하는 자식, 부장의 갑질로 고통받는 사원, 남편에게 맞는 아내가 훨씬 많지만, 그럼에도 불구하고, 이들의 존재가, 이러한 기존의 일반 도식에 잘 들어맞지 않는 사례들, 곧 며느리에게 학대당하는 시어머니, 자식의 학대로 고통받는 부모, 사원에게 왕따당하는 부장, 아내에게 구타당하고 이용당하는 남편의 존재를 부정하는 이유로 기능하게 내버려 두어서는 안 된다는 말이다.

이런 질문을 던져 보자. 대한민국에서 지금 가장 심각한 차별은 무엇이라고 생각하는가? 당신의 머리에 떠오르는 순서대로, 다섯 가지만 들어보라. 당신은 여러 가지 차별을 생각하게 될 것이다. 이것들 중 가장 심각한 차별은 무엇일까? 나는 이렇게 대답하겠다. 가장 심각한 차별은 지금 당신의 머리에 떠오르지 않은 차별들이다. 가장 큰 차별은 동시대의 사회구성원들에 의해 차별받는다고 인식되지 않는, 인식되지도 못하는 차별이다. 그 이유가 다른 사람들이 그것을 차별이라고 생각하지 않아서이든, 아니면 차별이긴 하지만 우선순위에 밀려서 언급되지 않은 것이든 말이다. 실제로 이러한 차별의 피해자들은 지금 자신이 차별받는지조차 모를 확률이 대단히 높다. 언론 지상에 오르내리는 차별은 무의식적인 자동적 메커니즘의 지배를 벗어나 우리의 의식에 떠오른 차별들이다. 이렇게 의식에 떠오른 차별은 이제 의식적 검토의 대상이 된다. 무의식적 자동메커니즘으로부터 의식에 떠올라 의식적 검토의 대상이 되었다는 말은 우리가 이제는 '그렇게 하지 않을 수 있게 되었다'는 말이다.

원칙적 차원에서, 약자의 내로남불은 강자의 내로남불과는 달리 일정한 관용의 대상일 수 있다. 기울어진 운동장에서 강자의 갑질과 약자의 을질을 동일하게 처벌할 수는 없기 때문이다. 사회적 약자라는 상황이 정상참작의 이유가 되는 것이다. 그러나, 오해를 피하기 위해 첨언한다면, 반복하여 얘기하건대, 이러한 실체적 일반론은 매우 위험하다. 매번의 상황마다 고려하고 참작해야 할 요소들이 너무 많은 것이다. 가령 전통적으로 약자로 간주되어 오던 누군가(학부모)가 전통적으로 강자로 간주되어 오던 누군가(선생님)에게 '을질'을 했다고 하자. 이러한 규정 자체에 이미 여러분은 동의하기 어렵다는 생각이 들 것이다. 요즘 세상에 학부모가 약자인가? 물론 상식적인 학부모 대다수의 경우에는 그럴 수도 있을 것이다. 그러나 지금이 어떤 세상인데, 선생님이 학부모에게 갑질을 한다는 말인가? 특히 저연령층일수록, 모든 선생님들이 털어놓는 가장 큰 고충은 학생들과의 갈등만큼이나 오히려 훨씬 더 학부모들과의 갈등이다. 너무나도 비상식적인 부모들이 종종 있다는 말이다. 마찬가지로, 너무나도 비상식적인 선생님들도 여전히 일정 수가 존재함에 틀림없다.

이러한 문제에 대해서는, 아니 이 세상의 어떤 문제에 대해서도, 일반론에 입각한 '정답'이란 존재하지 않는다. 내가 대면하는 개별 상황들을 이러한 일반론에 의한 '정답'에 맞추어 넣는 것은 물론 매번 다른 개별 케이스마다의 여러 상황들을 고려하는 일보다 훨씬 쉽고 간편하다. 판단하는 나에게는, 일반론으로 밀고 나가는 것이 훨씬 더 쉽고 편(리)하다. 그러나 나는 이러한 입장을 지지하지 않는다. 나는 내가 이런 판단의 대상이 되는 상황에 놓였을 때, 타인들이 나를 일반론에 입각하여 판단하지 않고 내 상황만의 독특한 여러가지 사정을 잘 고려하여 판단하여 주기를 바라기 때문이다. 그런데, 바로 이러한 일은 불편하다. 그러나 철학은 바로 이러한 불편함, 건강한 불편함을 지향한다. 약자의 내로남불이란 바로 이런 (건강한) 불편함을 불가피하게 요청하는 사례들이다. 물론 이는 사실 기본적으로는 강자의 경우에도 마찬가지이지만, 약자의 경우에 불가피하게 더욱더 두드러지게 된다. 갑질만이 아니라, 을질에 대해서도 나의 (윤리적) 감수성을 열어 놓는 태도, 이것은 사실 매우 불편하지만, 우리에게 반드시 필요한 태도라고 말하지 않을 수 없다. '건강한 불편함'이야말로 철학의 모토이기 때문이다.

4.
'나'의 내로남불을 향한 비판?

마지막으로 나의 내로남불에 대해서 간단히 살펴보자.[14] 나의 내로남불이란 사실 누구에게나 인식하고 인정하기가 쉽지 않은 영역이다. 이를 위해, 다음과 같은 예를 살펴보자.

나의 관찰에 의하면, 재미있게도, 우리는 보통 사랑하는 사람과의 관계, 또는 일반적으로 나와 감정적으로 깊이 연루된 사람들과의 관계에서, 보통은 스스로를 조금 더 손해 보는 사람, 억울한 것이 더 많은 사람, 나아가 피해자로 간주하는 경향이 있다(물론 이것이 사실인 경우도 있다. 이 경우 일반론은 무의미한 것이다). 그리고 또 하나의 재미있는 현상은 내가 이 사람과 다투었을 경우, (시간적으로 앞서는) 문제의 발단은 상대에게 돌리는 반면, 사태의 개선을 위해 먼저 손길을 내민 사람은 자신으로 생각하는 경향이 있다. 물론 이 역시 사실일 수도 있을 것이다. 그러나, (상대가 실제로 계획적인 사기를 의도했다거나,

---

14　이에 관련된 논의는 이어지는 다음 장의 니체 부분에서 보다 상세하게 다루어질 것이다.

또는 육체적인 폭력을 행사했다던가 하는 명백한 예외를 제외한다면) 나와 상대의 관계가 늘 서로를 비추는 거울이며, 둘 사이의 관계 역시 서로의 상호작용에 의해 형성되는 동시적·상관적 구성물임을 기억한다면, 이러한 나의 기억이 사실일 확률은 낮다고 보는 것이 합리적이다. 그럼에도 불구하고, 정직하게 자신을 대면한다 해도, 앞서 언급한 일들은 나의 기억 속에서 사실인 것으로 생각된다. 나의 기억 속에서, 먼저 잘못한 것은 분명 상대였고, 화해의 손길을 먼저 내민 것은 분명 나였다. 그럴 수도 있을 것이다. 그러나, 이는 인간의 불가피한 자기중심적 인식의 결과일 수도 있을 것이다. 나는 나의 이러한 기억이 처음부터 나를 중심으로 구성된 것임을 안다. 나는 내가 잘못한 일, 가령 상대에게 상처를 준 일을 실제로 스스로는 인식하지 못했을 수 있고(내가 상처받은 일을 인식하지 못하거나 기억하지 못하기는 어렵다), 또는 내가 기억하고 싶지 않은 나의 '흑역사', 여하튼 이러한 불유쾌한 기억을 의식에서 지워 버린 것일 수도 있다. 이 경우, 나는 악의가 전혀 없거나, 거의 없다. 그러나 상대는 나의 잘못 또는 무성의함으로 인해 받은 상처를 인식하지 못했을 리가 없다. 그런데 이것은 나만이 그런 것이 아니다. 상대도 거의 정확히 동일한 감정과 인식을 나에 대해 품고 있다.

나는 종종 다음과 같은 질문을 던져 보곤 한다. 질문은 다음과 같은 것이다. 우리는 누구나 타인들로부터 이해받고 싶어 한다. 그리고 나는 물론 이해받고 싶지만, 그리고 모든 사람에게 이해받고 싶어 하지만, 현실에서는 그런 (모든 사람으로부터 이해받고 싶다는) 기대를 실제로 그리 품지 않는다. 나는 현실에서는 오직 내가 감정적으로 기대하고 의지하는, 그러한 가까운 사람(들)에게만 그러한 기대를 품는다. 논의의 편의를 위해, 그 사람을 한 사람이라고 해 보자. 이제, 당신은 당신이 이해받고 싶은 한 사람을 고른다. 그리고 그 사람이 당신을 이해해 준 여러 경우를 기억한다. 그런데 물론 당신이 늘 그렇게 이해를 받았던 것은 아니다. 인간의 삶과 관계가 늘 그렇듯이, 이렇게 마음으로 이해받고 위로를 받는 경우는 사실상 흔치 않다. 이는 곧 당신이 그 사람으로부터 (아마도 기대를 품었던 만큼) 실망을 한 경험을 가지고 있다는 말일 것이다. 그리고, 이제 당신은 당신이 가장 크게 실망한 경험을 떠올려 본다. 당신이 가장 섭섭하고 서러우며 서운했던 그 경우를. 질문은 이것이다. 당신이 이해받고 싶었던 그 사람은 당신이 그때 그렇게 섭섭했다는 사실을 아는가? 더하여, 그 사람은 당신이 그때 왜 그렇게 섭섭하고 서러웠는지 아는가? 이렇게 질문을 던지면, 평균적으로, 거의 20-30명에 한두 분 정도가 손을 든다. 나는 이 분들에게 당신은 행복한 사람이라고 말해준다.

그리고 이제 두 번째 질문을 던진다. 두 번째 질문은 이것이다. 그런데, 아마도 당신이 이해받고 싶었던 그 사람도 당신에게 섭섭한 것이 있었을 것이다. 물론 없을 수도 있지만, 관계의 상호성을 생각해 보면, 있었을 것이라고 가정하는 것이 더 사실에 합치할 것이다. 그렇다면, 당신은 그 사람이 당신에게 무엇이, 언제, 왜 섭섭했는지 아는가? 재미있게도, 이러한 두 번째 질문에는 두세 분, 적어도 어떤 경우에도, 첫 번째 질문의 경우보다 더 많은 사람이 손을 든다. 이 분들의 인식이 사실일 수도 있다. 나는 상대의 서러움을 알지만, 상대는 나의 서러움을 모른다. 그럴 수도 있다. 그것이 사실일 수 있다. 그러나, 중요한 것은 (첫 번째 질문과 달리) 이 두 번째 질문에 대한 정확한 답변을 해 줄 수 있는 사람이 지금 손을 든 사람이 아니라, 지금 이 자리에 없는 그 사람이라는 사실이다. 나는 이러한 유머로 질문을 마친다. "그렇군요. 정말 훌륭합니다. 그런데, 이것은 당신의 생각이고, 정말 당신이 아는가는 그분께 물어보아야 할 문제일 겁니다." 첫 번째에 손을 든 분들에 대해서는 이런 말을 할 수가 없고, 해서도 안 된다. 왜 그런가? 왜냐하면 내가 정말 이해받았는가 아닌가를 말할 수 있는 사람은 오직 나 자신뿐이기 때문이다. 이 세상의 다른 어떤 누구도 나를 대신하여 내가 이해받았는지 아닌지를 판단할 권리도 자격도 없다. 그러나 이와 달리, 두 번째 질문에 대해서는 이러한 질문을 던져 볼 수 있다. 내가 상대에게 준 가장 큰 상처가 무엇이며, 상대가 어떤 면에서 그렇게 큰 상처를 받았는가를 말할 권리와 자격이 있는 것은 오직 그 사람뿐이기 때문이다.

이러한 논의를 통해 내가 말하고자 하는 바는 이러한 사례가 인간 인식의 불가피한 자기중심성을 보여 준다고 믿기 때문이다. 내가 자식에게 준 가장 큰 상처가 무엇이며 그 이유가 무엇인지 알고 있다고 생각하는 사람이 정말 그것이 무엇이었는지 알고 있는지의 여부에 대해 말할 수 있는 사람은 그렇게 말하는 사람이 아니라, 지금 말해지고 있는 그 자식이다. 나는 지금 나나 우리, 또는 부모가 일부러 모른 척한다는 말을 하는 것이 아니다. 물론 그런 경우도 있겠지만, 대부분의 경우, 그보다는 처음부터 나는 상대가 상처받았다는 사실을 인식하지 못했거나, 또는 인식했다고 해도 더 이상 듣고 싶지 않았거나, 또는 사는 게 바빠서 살다 보니 그 이야기를 더 들어 보지 못했을 수도 있다. 또는 그러한 이야기가 불편하여 알고 싶지 않고, 듣고 싶지 않았을 수도 있다. 듣지 않기로 선택했거나, 알지 않기로 선택한 경우, 모르기로 선택하는 경우 등 그 밖에도 무수한 다양한 경우가 있을 수 있을 것이다. 그런데, 도대체 누가 이런 일에 대해 나만은 그렇지 않다고, 나는 당신의 상처를 다 알고 이해하고 있다고 말할 수 있다는 말인가? 극단적으로는, 설령 악의가 없었다 하더라도, 함부로 건넨 위로는 그 자체로 또 하나의 폭력이 될 수 있다.

나는 나의 폭력성을 모른다. 인간은 원래 자신의 허물을 보고 알고, 인정하기가 어려운 동물이다. 그리고 이것이 어떤 인간도 벗어나기 어려운 인간의 인지상정이라고 할 때, 이러한 가능성을 부정하며, '나만은 예외'라고 말하는 것보다는 그러한 가능성을 인정하고 타인의 이야기를 끝까지 경청하는 것이 더 낫다.

3장
니체에 이르는 길
'신은 죽었다'

독자들이 알고 있는 것처럼 이 책의 부제는 이 장의 소제목, '신이 죽은' 시대의 내로남불이다. 이때의 '신이 죽은'이란 누구나 잘 알고 있듯이 니체의 말에서 따온 것이다. 소크라테스의 '너 자신을 알라', 데카르트의 '나는 생각한다. 그러므로 존재한다', 파스칼의 '인간은 생각하는 갈대'라는 말처럼, 니체의 '신은 죽었다'라는 말은 철학과 무관한 일반인들 모두가 철학자의 이름과 그의 말을 정확히 알고 있는 몇 안 되는 문장이다. 그러나 '신은 죽었다'는 말은 정확히 무슨 의미일까? 이를 위해서는 오늘-여기 내가 이 말을 듣고 받은 나의 인상만큼이나, 이러한 명제의 발화자인 니체 자신의 내적 맥락을 살피지 않으면 안 된다. 내가 받은 인상은 내가 평상시에는 정확히 모를 수도 있는 나의 의식적·무의식적 이해의 구조를 드러내 주는 소중한 자료, 나아가 나만의 고유한 문제의식이므로 매우 중요하다. 마찬가지로, 내가 받은 인상과 발화자의 의도가 늘 일치하는 것은 아니므로, 그 말의 발화자가 어떤 의도와 의미에서 그러한 말을 했는지를 이해하려는 태도 역시 매우 중요하다. 내가 책을 읽고 받은 인상을 늘 옳은 것, 당연한 것으로 가정하기보다는, 나 자신에 대해서도 역시 일정한 거리를 두고 내가 읽은 책의 관점에서 내가 받은 인상을 차분히 검토하는 것 역시 매우 필요한 태도이다. 내가 책을 읽듯이, 책이 나를 읽도록 해야 하는 것이다.

1.
"신은 죽었다": 자기비판으로서의 그리스도교 비판

니체의 "신은 죽었다"(Gott ist tot)라는 말은 물론 그리스도교의 신이 죽었다는 말이다. 이 말은 물론 신이 어디에서 살다가 죽었다는 말이 아니다. 그것은 하나의 비유, 곧 '어린 시절의 우리가 그것이 없으면 살 수 없었던 하나의 유용한 오류, 거짓말'로서의 신이라는 의미체가 그 효과를 다했다는 말이다. 니체의 아버지는 루터파의 개신교 목사였고, 교단에 올라 설교를 하고 놀았다는 니체의 어렸을 적 별명 역시 '꼬마 목사'였다. 1844년생인 니체의 '신이 죽었다'는 말은, 우리로 치면 조선 시대 아버지가 선비였던 1844년생인 한 청년이 '성인, 군자는 죽었다', '공자는 죽었다'와 같은 말을 한 것으로 보면 그 의미가 더 쉽게 이해된다. 니체의 이러한 발언은 자신의 가문, 종교, 문명에 대한 근본적인 비판, 궁극적으로는 자기비판으로 읽어야 한다. 우리가 자신이 어릴 적 조건화된 신념 체계를 유일한 올바른 삶의 체계로 믿고 평생을 사는 사람(북한을 생각해 보면 된다)과 자신이 조건화된 신념 체계에 대한 근본적인 자기비판을 수행한 사람(니체로 대표되는 새로운 인간형)을 같은 사람이라고 볼 수는 없을 것이다.

1) 하나의 유일한 '정답'이 있는 세계의 종말

물론 "신은 죽었다"라는 말은 무한 가지 방식으로 해석될 수 있겠지만, 단적으로 '정답이 있는 사회'가 끝났다는 말에 다름 아니다. 가령 1750년 같은 해에 태어난 독일과 조선의 두 남성을 생각해 보자. 이들 모두의 삶에는 정답이 정해져 있다. 그들이 태어나기 이미 오래 전부터 존재하는 삶과 세계와 인간에 대한 '정답'이. 나는 무슨 직업을 가질 것인가? 그들은 그런 생각을 할 필요가 없다. 실은 그들은 결코 스스로 생각해서는 안 된다. 그냥 나의 아버지의 직업이 나의 직업이 된다. 아버지가 귀족이면 나도 귀족이고, 아버지가 백정이면 나도 백정이 된다. 나는 진학을 할 것인가? 그런 생각은 필요 없다, 귀족이라면 일정한 시기까지는 공부를 하게 될 것이고, 아니라면 학교 근처에도 가 볼 수 없을 것이다. 나는 결혼을 할 것인가? 그런 고민은 할 필요 없다. 그냥 '나이가 차면' 무조건 하는 것이다.

결혼을 안 한다는 것은 (경제적·사회적 지위와 여건이 받쳐 주지 못해서 할 수가 없는 경우가 아닌 이상) 상상할 수 없는 일이다. 자식을 낳을 것인가? 그런 고민은 할 필요가 없다. 불임이 아닌 이상, 자식이 없는 결혼이란 상상할 수조차 없는 일이다. 그런 일이 있다면 그것은 그 사람이 가진 단순한 결격 사유 이상의 아무것도 아니다. 나는 종교를 가질 것인가, 갖는다면 무슨 종교를 가질 것인가? 자유롭게 종교를 가질지의 여부를 개인이 생각한다는 것, 그리고 어떤 종교를 가질 것인가를 스스로 생각하여 결정한다는 것은 상상할 수도, 있을 수도 없는 일이다. 그냥 나는 내 나라(보다 정확히는 내 나라의 지배자)의 종교를 갖는다. 이 모든 것은 내가 태어나기 이미 오래전부터 결정되어 있는 일이다. '신이 죽지 않은' 나라가 유지될 수 있는 핵심 조건은 내가 스스로 생각해서는 안 된다는 것이다. '암탉이 울면 나라가 망한다'는 조선의 속담은 '여성이 스스로 생각하고 인권의식을 갖게 되면 조선이 망한다'는 이야기에 다름 아니며, 실제로 조선이 망하기 전까지 여성의 인권은 철저히 짓밟혔고, 여성의 인권은 조선이 망한 이후에야 의식의 표면에 떠오를 수 있었다. 여성의 인권과 조선의 존재는 '하나가 죽어야 나머지 하나가 사는' 양립 불가능한 것, 생사를 걸고 투쟁하며 대립해야 하는 두 가지 적대적 모순이었다.

2) '정답'은 '본질'의 존재를 가정한다

이러한 '정답'을 그렇다면 그들은 어떻게 알았을까? 그것은 이러한 정답을 말하는 이들이 '인류가 탄생한 이래로 결코 변화한 적이 없는 이 세계의 본질, 영원불변한 진리'를 알고, 이해하고 있었기 때문이다. 내가 이 세계의 불변하는 유일한 진리를 알고, 그 진리가 하나라면, 나와 '다른' 생각을 하는 이들은 단순히 나와 '다른' 생각을 하는 것에 그치지 않으며 반드시 '틀린' 생각을 하고 있는 것이다. 그들이 사실도, 진실도, 진리도 아닌 것을 진리, 옳은 것으로 믿게 된 이유는 단순한 개인적 악의로부터, 사회에 대한 불만, 진실을 보고 싶어 하지 않는 아집, 무지, 오류, 가장 좋은 경우에 타인의 거짓말을 순진하게 믿은 어리석음, 그리고 속임수 등등 다양하다. 그러나 진실을 아는 자가 볼 때, 이들 모두를 관통하는 단 하나의 키워드는 그들이 거짓을 진실로 믿고 있다는 사실이다. 이 모든 논의는 이러한 진실을 믿고 있는 사람이 이 세계의 진리 또는 진실, 곧 이 세계의 영원불변하는 본질을 알고 있다고 믿고 있다는 사실을 보여 준다.

3) 우리는 어떻게 진실을 '아는가'?

그러나 이런 말을 하는 이, 자신이 믿고 있는 것을 실제로 진리이자 본질로 믿는 이 사람은 어떻게 하여 이런 확신에 도달할 수 있었을까? 그리고 이 사람의 이런 확신은 과연 옳을까? 물론 이 사람이 믿고 있는 것이 실제로 영원불변하는 이 세계의 유일한 진리이자 본질일 수도 있을 것이다. 그러나 그러한 진리와 본질을 아는 사람이 나일 수도 있겠지만, 그 사람은 너일 수도, 또는 또 다른 누구일 수도 있다. 그러나 그럼에도 불구하고 우리는 누구나 나는 진실과 본질 그 자체를 알고 있다고 믿어 의심치 않는다. 우리는 누구나 자신의 믿음과 앎에 대해 의심하지 않는다. 사실, 진정 흥미로운 것은 나만이 아니라, 이 세계에 존재하는 거의 모든 사람이 나만은 이 영원불변하는 유일한 진실을 알고 있고, 믿고 있다고 생각한다는 사실이다. 자신이 알고 있는 것, 자신이 믿고 있는 것이 진실이 아니라고 생각하는 사람, 무엇인가를 진실이자 본질이라고 믿고 있는 자신의 판단을 신뢰하지 않는 사람은 거의 없을 것이다. 그렇다면 각자에게는 각자의 진실만이 존재한다고 생각하는 것이 옳을까? 우리가 아직 모르고 있고, 아직 합의하지 못했다고 해서 하나의 유일한 진실이 존재할 가능성을 처음부터 아예 부정한다는 것은 논리적 오류가 아닐까? 모든 것은 상대적으로 나름 옳을까? 각자에게는 각자의 진리만이 존재하는 것일까? 아니, 각자에게마저도 각각의 장소·시간, 곧 상황에 따라 각각의 옳은 것들만이 존재하는 것일까? 앞서 간단히 논의한 상대주의에 대한 논의에서도 이미 충분히 드러났듯이, 진실과 그렇지 않은 것을 정의하고 확정하는 문제는 대단히 복잡한 또 다른 여러 가지 문제를 불러일으킨다. 이를 해결하는 것이 인류 역사의 가장 큰 난제였다고 해도 과언이 아니다.

단적으로, 우리는 어떻게 진실과 그렇지 않은 것을 구분하고 판정하는가? 이에는 역사적으로 다양한 해결책들이 있어 왔다. 아래에서는 이들 중 대표적인 몇 가지 해결책을 간단히 살펴보도록 하자. 독자들은 우리가 아래에서 간략히 검토하게 될 여러 해결책이 모두 누가, 어떤 기준으로, 어떻게 옳고 그름을 판단할 수 있는가라는 문제의 해결을 위해 제출된 것임을 잘 기억하며 글을 읽어 주기를 바란다.

―――――   ―――――

2.
홉스의 리바이어던: 결국 누군가는 정해야 한다!

―――――   ―――――

17세기 잉글랜드의 철학자 홉스(Thomas Hobbes, 1588-1679)는 자신의 『리바이어던』(Leviathan, 1651)에서 결국 무엇이 옳은가를 누가 결정하는가 하는 문제에 관련된 다양한 논의를 이렇게 정리했다. '만인에 대한 만인의 전쟁 상태'라는 유명한 말이 등장하는 바로 그 부분이다.

"이로써 다음과 같은 사실이 분명해진다. 인간은 그들 모두를 위압하는 공통의 권력이 존재하지 않는 곳에서는 전쟁상태에 들어가게 된다는 것이다. 이 전쟁은 만인에 대한 만인의 전쟁(bellum omnium contra omnes)이다. … 이러한 상태에서는 성과가 불확실하기 때문에 근로의 여지가 없다. 토지의 경작이나, 해상무역, 편리한 건물, 무거운 물건을 운반하는 기계, 지표(地表)에 관한 지식, 시간의 계산도 없고, 예술이나 학문도 없으며, 사회도 없다. 끊임없는 공포와 생사의 갈림길에서 인간의 삶은 고독하고, 가난하고, 험악하고, 잔인하고, 그리고 짧다."[15]

그런데, 이야기는 여기서 끝나지 않는다.

"인간의 욕망과 기타 여러 가지 정념들은 결코 그 자체로서는 죄가 아니다. 그러한 정념에서 생기는 행동들도 이를 금지하는 법이 있다는 것을 알기 전까지는 결코 죄가 될 수 없다. 그러한 행동들을 금지

---

15   토머스 홉스, 『리바이어던 1: 교회국가 및 시민국가의 재료와 형태 및 권력』, 진석용 옮김, 나남, 2008, 171-172쪽. 인용자 강조. 나의 이 책은 그 성격상 전문 학술서라기보다는, 이러한 주제에 관심이 있는 사람들을 위하여 저술된 일반 교양서에 속한다. 따라서, 인용된 외국 서적의 경우, 원서의 쪽수 없이, 내가 사용한 번역본의 판본과 그 쪽수만을 적었다. 후일, 필요하다고 판단되는 경우, 해당 원문과 쪽수를 적어 넣을 수도 있을 것이다.

하는 법이 만들어지기 전까지는 결코 법의 내용을 알 수 없다. 누가 법을 만들 것인가에 대한 합의가 이루어지기 전까지는 결코 어떠한 법도 만들어질 수 없다."[16]

따라서, 홉스에 따르면 이런 결론이 나온다.

"만인이 만인에 대하여 전쟁을 하는 상황에서는 그 어떠한 것도 부당한 것이 될 수 없다. 정(正)과 사(邪)의 관념, 정의와 불의의 구별이 존재하지 않기 때문이다. 공통의 권력(common power)이 없는 곳에는 법도 존재하지 않는다. 법이 없는 곳에는 불의(injustice)[즉 불법]도 존재하지 않는다. … 그러나 인간이 그러한 가혹한 상태로부터 빠져나올 수 있는 가능성이 없는 것이 아니다. 그 가능성의 일부는 인간의 정념에서, 일부는 이성에서 생겨난다. / 인간을 평화로 향하게 하는 정념으로는, 죽음에 대한 공포, 생활의 편의를 돕는 각종 생활용품에 대한 욕망, 그러한 생활용품을 자신의 노력으로 획득할 수 있다는 희망 등이 있다. 그리고 이성은 인간들이 서로 합의할 수 있는 적절한 평화의 규약들을 시사한다."[17]

---

16   같은 책, 178쪽. 인용자 강조.
17   같은 책, 174-175쪽. 인용자 강조.

이 적절한 평화의 규약을 홉스는 '자연법(自然法, Laws of Nature)이라고 불러도 좋을 것'이라고 말한다. 이때의 법이란 좁은 의미의 실정법만을 지칭하는 것이 아니라, 이성의 법칙을 포괄하는 넓은 의미의 법(칙) 또는 규칙 그 자체이다. 홉스의 논리 안에서, '자연법'이란 이성(reason)의 법칙으로서, 인간을 창조한 하느님의 '은총의 법', 곧 계시(revelation)에 대비되는 것이다. 은총과 계시가 하느님의 법이라면, 이성과 자연법은 인간의 법이다. 한편, 현실에 실제 존재하는 모든 실정법들은 완전할 수가 없으므로 늘 일정한 수정을 거쳐야 하는데, 이 수정의 기준이 바로 (하느님의 '은총의 법'을 모사한 것으로 가정되는) '자연법'이다. 이것이 이른바 근세 유럽에 등장한 자연법 사상의 골자인데, 홉스가 방금 지적한 것처럼 자연법 사상의 핵심에는 결국 '무엇이 자연법인가'를 누가, 어떤 기준으로, 어떻게 정하는가의 문제가 놓여 있다.

한편 앞서 등장한 '공통의 권력'이 바로 '코먼웰스'(Commonwealth)인데, 홉스에 따르면, 인간이 만인에 대한 만인의 전쟁 상태를 벗어날 수 있는 유일한 길은 이 같은 자연법 사상에 입각한 '코먼웰스'를 세우는 일이다. 그 이유는 다음과 같다.

"공통의 권력은 외적의 침입과 상호간[18]의 권리 침해를 방지하고, 또한 스스로의 노동과 대지의 열매로 일용할 양식을 마련하여 쾌적한 생활을 보낼 수 있도록 하기 위한 것이다. 이 권력을 확립하는 유일한 길은 모든 사람의 의지를 다수결에 의해 하나의 의지로 결집하는 것, 즉 그들이 지닌 모든 권력과 힘을 '한 사람'(one Man) 또는 '하나의 합의체'(one Assembly)에 양도하는 것이다. 다시 말하면, 자신들 모두의 인격을 지니는 한 사람 혹은 합의체를 임명하여, 그가 공공의 평화와 안전을 위해 어떤 행위를 하든, 혹은 [백성에게] 어떤 행위를 하든, 각자가 그 모든 행위의 본인이 되고, 또한 본인임을 인정함으로써, 개개인의 의지를 그의 의지에 종속시키고, 개개인의 다양한 판단들을 그의 하나의 판단에 위임하는 것이다."[19]

그리고 이는, 다음과 같은 결론으로 이어진다.

"단순한 동의 혹은 화합 이상의 것이며, 만인이 만인과 상호 신의 계약을 체결함으로써 모든 인간이 단 하나의 동일한 인격으로 결합되는 것이다. 이것은 만인이 만인을 향해 다음과 같이 선언한 것과 같다. '나는 스스로를 다스리는 권리를 이 사람 혹은 이 합의체에 완전히 양도할 것을 승인한다. 단 그대도 그대의 권리를 양도하

18　원문을 충실히 인용하기 위해 띄어쓰기, 오탈자 등은 별도로 정정하지 않는다.

19　같은 책, 231-232쪽. 인용자 강조.

여 그의 활동을 승인한다는 조건 아래.' 이것이 달성되어 다수의 사람들이 하나의 인격으로 결합되어 통일되었을 때 그것을 코먼웰스(Commonwealth)—라틴어로는 키위타스(Civitas)—라고 부른다. 이리하여 저 위대한 리바이어던(Leviathan)이 탄생한다. 아니, 좀 더 경건하게 말하자면, '영원한 불멸의 하느님'(immortal God)의 가호 아래, 인간에게 평화와 방위를 보장하는 '지상의 신'(mortal God)이 탄생하는 것이다. 이 지상의 신은 코먼웰스에 살고 있는 모든 개인이 부여한 권한으로, 강대한 권력과 힘을 사용하여 국내의 평화를 유지하고, 단결된 힘으로 외적을 물리치기 위해 사람들을 위협함으로써, 모든 개인의 의지를 하나로 만들어 낸다. 바로 여기에 코먼웰스의 본질이 있다. 코먼웰스의 정의(定義)는 다음과 같다. '다수의 사람들이 상호 신의 계약을 체결하여 세운 하나의 인격으로서, 그들 각자가 그 인격이 한 행위의 본인이 됨으로써, 그들의 평화와 공동방위를 위해 모든 사람의 힘과 수단을 그가 임의로 사용할 수 있도록 한 것'이다."[20]

우선, 이러한 인용을 읽으며 우리가 무엇보다 먼저 깨닫게 되는

---

[20]　　같은 책, 232-233쪽. '임의로'는 인용자의 강조. 『리바이어던』의 문장은 다음처럼 이어진다. "그리고 이 인격을 지닌 자가 주권자(sovereign)라 불리며, '주권적 권력'(sovereign power)을 지니고 있다. 그 외의 모든 사람은 그의 백성(subjects)이다." 같은 책, 233쪽.

사실은 다음과 같은 것이다. 무엇이 옳은가를 누가 결정하는가라는 문제는 존재론과 인식론의 문제일 뿐만 아니라, 그러한 결정의 주체로 선택된 이가 사회의 다양한 문제에 대한 옳고 그름의 '판정권'을 쥐게 된다는 의미에서, 이미 그 자체로 정치학, 윤리학의 문제이다. 이것이 바로 홉스가 오늘날 '정치철학의 아버지'로 불리는 이유 중 하나이다.

다음으로, 이상에서 우리가 읽은 부분은 이른바 사회계약설(social contract)의 가장 고전적인 형태를 보여 준다. 홉스에 따르면, 통치자가 존재하는 이유, 보다 정확히는 존재할 수밖에 없는 이유, 존재해야만 하는 이유는 그러한 법의 제정을 책임과 권리로 보유하는 통치자의 존재가 어떤 경우에도 만인에 대한 만인의 투쟁만이 존재하는 무법 상태, 전쟁 상태보다는 낫기 때문이다.

그러나, 마지막으로, 오늘 이 글을 읽는 대부분의 현대인들은 이러한 홉스의 주장에 대해 다음과 같은 의문을 떨칠 수가 없을 것이다. 물론 법이 존재하지 않는 무법 상태, 전쟁 상태 아래의 인간 삶은 끔찍하다. 그러나 과연 '어떤 경우에도' 통치자의 자의적 판단에 맡겨지는 백성들의 삶이 전쟁 상태보다 늘, 반드시 나을까? 이것은 차라리 벼룩을 잡으려다 초가삼간을 태우는 오류, 여우를 잡으려다 호랑이를 불러들이는 오류는 아닐까? 홉스는 이러한 반론을 예상하고 있었고, 이에 대해 다음과 같은 반론을 펼친다.

"그러나 이에 대해 다음과 같은 반론을 제기할 사람이 있을 지도 모른다. 즉 그렇게 무제한적인 권력을 가진 자(들)의 변덕스런 정념에 백성들이 좌지우지된다면 백성들의 상태가 너무 비참하지 않은가 하고. 일반적으로 군주정하에서 살고 있는 사람들은 그 비참함을 군주정의 결함으로 돌리고, 또한 민주정이나 혹은 기타 주권을 지닌 합의체하에서 살고 있는 사람들은 그들의 모든 불편을 그 코먼웰스의 통치형태 탓으로 돌린다. 하지만 통치형태가 무엇이든 간에 백성을 보호할 수 있을 정도로 충분하기만 하면, 권력은 모두 같은 것이다. 인간은 어떤 경우에도 불편이 전혀 없는 상태에 있을 수는 없다. 또한 통치형태를 불문하고 인간이 겪는 그 어떠한 극심한 불편도 내란에 따르는 비참과 공포의 재난에 비하면, 또한 법에 대한 복종도 없고, 약탈과 복수를 못하도록 그들의 손을 묶는 강제력도 없이, 즉 지배자 없이 살아가는 사람들의 분열 상태에 비하면 아무것도 아니다."[21]

물론 이에 크게 공감하며 적극 찬성하는 사람들도 있겠지만, 이러한 주장은 실로 논쟁적이다. 나아가, 통치자의 의도와 철학이 나의 생각과 일치하지 않는 경우, 나아가 단순히 일치하지 않는 것이

---

21   같은 책, 246-247쪽.

아니라, 나의 존재를 근본적으로 부정하는 것일 경우, 과연 나는 여전히 이러한 홉스의 주장, 또는 '무엇이 백성 전체를 위해 가장 나은 것인가에 대한' 통치자의 (아마도 내게는 '자의적'인 것으로 보일 수밖에 없을) 결정을 '누구도 부정할 수 없는 **인간 이성의 보편적인 자연법**에 입각한 것'이라고 말하게 될까? 나아가 통치자는 (홉스가 믿어 의심치 않듯이) 정말 늘 진심으로 백성 전체를 위하는 최선의 결정을 행할까? 그것은 혹시 백성 전체의 이익과는 전혀 상관없는 결정, 오히려 백성 전체의 이익에 정면으로 반하는 결정, 권력을 가진 자 자신을 위한 '자의적' 결정이 아닐까? 그러나 홉스는 이어지는 절에서 이러한 모든 문제를 뒤로하고, '통치자의 선의와 진심'을 한 치의 의심도 없이 믿으며, 오히려 한 걸음 더 나아간다.

"주권을 지닌 통치자들이 백성들에게 더할 수 없이 큰 억압을 가하는 경우에도, 이것은 백성들에게 해(害)를 가하고 백성들을 약화시키는 일이 즐거워서 그런 것도 아니요, 그로부터 이익을 얻자고 그런 것도 아니다. 주권자의 힘과 영광은 오히려 백성의 활력에 있다. 주권자가 강압적 권력을 행사하는 것은 자기 자신을 방어하는 일에 기꺼이 힘을 다하지 않으려는 백성들의 반항적 태도 때문이다."[22]

22 　　　같은 책, 247쪽.

사실은 이것이야말로 백성을 바라보는 홉스의 진심이 담긴 구절이라 해야 할 것이다. 그것은 플라톤 이래로 변함없이 내려오는 관점, 곧 어리석은 백성을 위에서 아래로 내려다보며 그들의 어리석음을 탓하는 엘리트주의의 입장이다. 백성은 자신의 참다운 이익을 알아볼 수 있을 만큼 현명하지 못하며, 마치 사탕만 먹으려는 아이가 걱정이 되어 사탕을 뺏고 밥을 먹이려는 부모에게 화를 내는 어린아이와 같다는 것이다. 따라서 이제 리바이어던, 곧 통치자 또는 주권자는 다음과 같은 권리를 갖게 된다.

"주권자의 권리는 그의 동의 없이는 타인에게 양도될 수 없으며, 또한 박탈되지도 아니한다. 그는 그 어떤 백성에 의해서도 권리 침해를 이유로 고소되지 아니하며, 또한 처벌되지 아니한다. 그는 평화를 위해 필요한 것이 무엇인지를 판단하는 심판관이며, 동시에 학설의 [유해 여부를 판정하는] 심판관이며, 유일한 입법자이며, 전쟁과 평화의 시기 및 기회를 판단하는 최고심판관이다. 행정관, 자문관, 사령관을 비롯한 모든 관리와 대행자를 선임하는 것, 상벌·영예·서열을 결정하는 것도 그이다."[23]

---

23   같은 책, 265쪽.

한마디로, 홉스의 주권자는 단순한 왕이 아니라, (다만 '죽는다'는 차이만 있을 뿐) 사실상 '지상의 신'이다. 지상의 모든 사안에 대한 옳고 그름의 판단은 오직 주권자만이 행할 수 있다. 이는 사실상 오늘을 사는 대부분의 현대인들은 결코 받아들일 수 없는 주장이다. 단적으로, 이는 주권자가 제아무리 어떤 권한을 위임받았다 하더라도, 주권자 역시 하나의 인간에 불과한 이상, 주권자의 판단이 늘 옳으리라는 어떤 타당한 논증도 불가능하리라는 단순한 사실이 존재하기 때문이다. 물론 홉스도 앞서 제기된 바와 같은 이러한 '약점'을 전혀 몰랐던 것은 아니다. 홉스는 『리바이어던』의 2부에서 자신의 학설에 대해 가능한, 또는 이미 제기된, 다양한 비판을 하나씩 거론하면서 자신의 답변을 제시하고 있다. 이들 중 우리의 흥미를 끄는 비판-답변을 몇 가지만 살펴보자.

우선, 옳고 그름과 행위의 선악에 대한 판단자는 '코먼웰스의 주권자가 아니라, 각자'라는 비판이 존재한다. 홉스는 이에 대해 다음처럼 답변한다.

"이것은 완전한 자연 상태, 즉 시민법이 존재하지 않는 상태에서는 진실이다. 또한 시민정부하에서도 선악이 법에 의해 결정되지 않고 있다면, 이 경우에도 진실이다. 그러나 그 이외의 경우에는 행위의 선악에 대한 척도는 명백히 시민법이며, 판단자는 입법자, 즉 항상 코먼웰스의 대표자이다. 그러한[판단자가 '각자'라는] 그릇된 학설 때문에 사람들은 코먼웰스의 명령에 대해 시비를 가리려 하고, 반박하고, 자기 자신의 판단에 따라 그 명령에 복종하거나 혹은 불복하거나 하는 일이 생기게 되고, 이로 인해 코먼웰스는 혼란에 빠지고 약화된다."[24]

홉스가 제시한 반비판의 핵심적 논거를 나 자신이 다시 풀어 보면, 아마도 홉스는 다음과 같은 주장을 펼치는 것으로 이해된다. '코먼웰스가 아니라, 각자가 판단의 주체라는 비판은 내 주장의 논점을 이해하지 못한 비판이다. 왜냐하면 나의 주장은 주권자의 판단이 항상 옳다는 것이 아니라, 그렇게 하지 않는다면, 모든 이들이 서로 각자의 주장만을 옳은 것으로 펼치는 상태, 곧 만인이 각자의 옳음을 주장하는 상태가 되어, 결국은 만인에 대한 만인의 전쟁 상태가 이어지게 될 것이라는 것이기 때문이다. 따라서 이러한 상태를 피하기 위해 제시된 나의 주장은 **주권자가 늘 옳아서가 아니라, 주권자가 옳은 것으로 가정해야만** 이러한 상태를 벗어날 수 있다는 의미이다.' 당신은 이러한 주장에 동의하는가? 아마도 이 글을 읽는 독자, 그러니까 현대인의 상당수는 적어도 의식적으로는 이러한 주장

---

24 같은 책, 416쪽.

에 선뜻 동의하기 어려울 것이다. 그러나 놀랍게도 현대인의 상당수, 아니 거의 모두는 홉스의 이러한 주장에 이미 알든 모르든 동의하고 있다. 지구상에 존재하는 모든 현대 국가에는 홉스의 주장이 관철되는 영역이 적어도 하나는 존재하고 있으며, 모든 사회의 구성원들은 거의 아무런 예외도 없이 이를 인정하고 있기 때문이다. 그렇다면 그 영역은 무엇일까? 그 영역은 바로 사법부라는 영역이다. 삼심제를 기본으로 하는 사법부의 구성원들은 결코 신이 아니다. 그들이 아무리 사법적 판단에 관련된 훌륭한 논의를 많이 공부하고 그에 입각한 판단을 평생에 걸쳐 최선을 다해 해 왔더라도, 판사와 검사 그리고 변호사들, 그들은 결국 우리와 똑같은 인간들이다. 최종심에 의해 무죄를 선고받고 풀려난 진범과, 마찬가지로 최종심에 의해 유죄를 선고받고 갇힌(때로는 목숨을 잃은) 억울한 사람들의 존재는 어느 누구도 부정할 수 없는 사실이다. 사법부는 완벽한 신들로 구성되어 있지 않으나, 우리가 만약 사법부의 권위를 전적으로 부정한다면, 이때 우리는 불가피하게 삼심 이후에 사심, 오심, 육심이라는 무한순환에 빠지게 될 것이다. 그리고 그러한 무한한 심판 행위에도 불구하고, 그 결과가 옳다는 보장은 어디에도 없다. 그 결과의 오류 가능성이 어떤 경우에도 늘 남아 있는 것이다.

따라서 홉스의 논의는 얼핏 느껴지는, 논의의 맹목성과 보수성 그리고 반동성에도 불구하고, 이미 신의 직접 개입이 사라진 시대, 곧 유럽의 근대를 열고 있다. 홉스의 논의는 신적 섭리(divine providence)의 영역이었던 정치를 사회계약, 곧 인간들 사이의 계약이라는 논리로 대체함으로써 정치의 합리화(rationalization)·세속화(secularization)를 실현했다. 비록 오늘의 우리에게는 그 내용이 불평등한 전제정치의 정당화로 비춰지지만, 당시의 입장에서 볼 때, 홉스는 신과 인간 사이의 (일방적인) 불평등 계약을 인간과 인간 사이의 (쌍방적인) 평등 계약으로 바꾸어 놓았다.

홉스의 리바이어던은 ─오늘날 우리 대부분이 (무의식적으로) 동의하고 있는 '사법부의 존재 이유'에 관한 논의에서 잘 드러나는 것처럼─ 인간 판단의 무한소급으로 인한 무질서 상태를 방지하기 위해 고안된 궁여지책, 고육지책으로 볼 수 있다. 그러나 물론 17세기 잉글랜드에 살았던 홉스의 논의와 동일한 논거에 의해 뒷받침되고 있는 사법적 판단의 '신성불가침성'이 21세기 대한민국에서도 여전히 무비판적으로 답습되어야 하는가라는 문제는 앞으로의 논의가 필요한 주제이다. 이런 면에서 21세기의 대한민국에서 전 국민적인 교육 수준의 향상과 인터넷 및 스마트폰의 발달로 인한 (온갖 포털 기사의 댓글에서 잘 드러나는) 사법적 판단 및 언론 일반에 대한 불신과 권위의 실추는 공동체를 이루는 구성원들 일반의 판단 능력이 그만큼 성숙되었고 또 보편화되었다는 점에서 바라본다면, 일면 '불가피한' 일이자, 나아가 어떤 면에서는 '바람직한' 일이라고까지 말할 수도

있을 것이다.[25]

다시 홉스로 돌아가 논의를 마무리 짓자. 앞서 말한 '무질서 상태를 방지하기 위한 궁여지책으로서의 주권자 판단의 절대화'라는 맥락에서, 홉스는 '주권의 지배를 받는 종속적 정치체'와 스스로 '주권을 갖는 합의체'를 구분하면서, 다음과 같은 논의를 펼친다.

"이상으로부터 다음과 같은 점이 명백해진다. 즉 주권의 지배를 받는 종속적 정치체에서는 대표자인 합의체의 명령에 어느 개인[즉 합의체의 일원]이 공개적으로 항의하고 반대의견을 기록하여 그에 대한 증인을 구하는 일은 때로는 합법적일 수 있으며, 적절할 수도 있다. 왜냐하면 그렇게 하지 않으면 남들이 한 계약으로 인해 채무를 지거나, 남들이 저지른 범죄에 대해 책임을 지거나 하는 일이 생길 수도 있기 때문이다. 그러나 주권을 지닌 합의체에서는 이런 자유는 허락되지 않는다. 첫째, 여기에서 항의하는 자는 주권을 부정하고 있는 것이며, 둘째, 주권자의 권력에 의한 명령은 무엇이든 정당한 것이기 때문이다. 하느님의 눈으로 보면 정당하지 않은 것도 있겠지만 적어

25　변호사는 물론, 검사와 판사를 포함한 사법부 전체, 언론과 방송 전체가 (물론 스스로는 '심판'을 자처하고 있지만) 실은 모두 선수들, 이해 당사자들이다. 이들은 홉스의 논리에서 보이는 것처럼, '신이 죽은' 시대의 신과도 같은 존재로서 스스로를 상정하고 있는지도 모른다.

도 백성들에게는 항상 정당하다. 왜냐하면 주권의 명령은 실은 백성 한 사람 한 사람이 그 행위의 본인이기 때문이다."**26**

나 자신이 굵은 글씨로 강조한 이 문장이야말로 홉스 정치철학의 핵심이다. 홉스의 논리는 주권자가 옳은 결정만 한다는 주장이 아니라, 주권자가 결정한 것을 옳은 것으로 간주하자는 주장이기 때문이다. 오늘날 이러한 논의에 동의하기는 쉽지 않다. 주권의 명령이 실은 백성 한 사람 한 사람 본인이 한 행위라는 주장은 실로 어불성설이다. 홉스는 주권자의 명령과 나의 의지가 일치하는(실은, 일치해야 하는) 이유로 주권자의 명령이 내가 위임한 자의 명령이고, 나는 바로 그의 결정을 나의 것으로 삼기로 결정했으므로, 주권자의 명령이란 곧 나 자신의 결정이라고 주장했으나, 이러한 주장은 사실 홉스의 대전제가 옳다는 것을 받아들이는 한도 내에서만 타당한 주장일 뿐이다. 우리가 그러한 대전제의 타당성을 받아들이지 않는다면, 그것은 단지 강자의 결정을 정당화하는 홉스만의 논리에 불과한 것이 되고 만다.

그러나 우리는 홉스에게 공정해야 한다. 홉스가 이러한 논의를 제시한 이유는 무질서의 전쟁 상태와 무한소급에 빠질 수밖에 없는 인

---

26   같은 책, 303-304쪽. 강조는 인용자.

간 판단의 자의성 양자로부터 옳고 그름을 구해 냄으로써 인민 일반의 평화를 이루려는 것이었다. 그러나 '지옥으로 가는 길은 선의(善意)로 포장되어 있다'는 말처럼, 또 다른 한편으로, 홉스의 주장은 오늘날 전체주의 국가를 정당화하는 논변 중 하나로 기억되고 있다. 홉스의 이러한 '과격하고도 위험한' 주장에 대한 비판은 오늘날의 우리들만이 아니라, 홉스가 『리바이어던』을 쓰던 당대에도 이미 존재하고 있었다. 홉스의 주장은 (우리가 홉스 자신이 이러한 논의를 펼치게 된 근본 이유로 작용했을 그의 '선의'를 의심하지 않는다 할지라도) 그 자체로 상당한 모순을 지니고 있다. 이러한 모순 내지 오류는 오늘날 평범한 사람들의 눈에도 너무나도 명백하게 드러나는 것들이므로 굳이 언급할 필요조차 없는 것으로 보이기도 한다. 홉스의 논의가 갖는 유럽 정치사의 의미는 앞에서 충분히 살펴보았으므로, 여기서는 홉스의 논의가 갖는 문제점들을 간단히 정리해 보면서, 논의를 마치기로 하자.

첫째, 홉스는 주권자의 의도를 늘 선한 것으로 가정하는 오류를 범하고 있다. 주권자의 의도가 늘 인민의 복지를 최우선으로 놓고자 하는 선의로 가득 차 있다고 보는 것은 현실적으로 무근거한 낙관적 관점이라 말하지 않을 수 없다.

둘째, 홉스는 주권자의 판단과 옳은 것을 같은 것으로 보자는 주장을 펼치고 있다. 그러나 이러한 주장은 주권자가 결국 실수하는 한 인간, 개인에 불과하며, 그 역시 무수한 오류와 실수를 저지를 것이라는 점을 지나치게 가볍게 취급하고 있다.

셋째, 이어지는 비판으로서, 나아가 홉스가 이른바 '옳은 것'은 분명 주권자의 외부에 존재하지만 그와 무관하게 우리가 주권자의 결정을 옳은 것으로 간주해야 한다고 주장하는 것인지, 또는 옳은 것이란 그 자체로 존재하지 않으며 주권자의 결정이 옳은 것이 된다는 주장을 펼친 것인지 알 수 없다. 홉스의 주장은 일견 후자의 주장을 펼친 것처럼 보이지만, 오늘 우리가 잘 알고 있는 것처럼, 당시 홉스가 속한 지역의 통치자인 프랜시스 고돌핀(Francis Godolphin, 1605-1667?)에게 바쳐진 『리바이어던』은 고돌핀 자신에게조차 크게 환영받지 못했다. 그렇다면 홉스의 『리바이어던』은 자신의 주장에 따라 '옳지 않은' 책이 되는가?

넷째, 이는 사후적·외재적 비판이고 따라서 손쉬운 비판이지만, 홉스의 주장에는 권력 분점, 가령 삼권분립이라는 요소가 전혀 없다. 홉스의 논리에는 권력자에 대한 견제 장치가 전혀 없다. 홉스의 주권자가 누리는 권력은 글자 그대로 지상의 신으로서, 오늘날의 입법·사법·행정 및 군사·정치·경제·문화·종교 등 모든 영역의 모든 권력을 배타적·독점적으로 누리는 '절대권력'이다. 그리고 절대권력은 절대로 부패한다.

누가, 어떤 기준으로, 어떻게 결정하는가라는 문제에 대한 답변들을 살펴보려는 우리의 논의에서 홉스가 갖는 중요성은 홉스가 유럽의 지성사에 큰 영향을 미친 하나의 기준을 제시했다는 사실에 있다. 무수한 한계에도 불구하고, 홉스는 신과 인간 사이의 (변화 불가능한) 섭리의 게임을 인간과 인간 사이의 (변화 가능한) 합리성의 게임으로 바꾸어 놓은 인물이다. 홉스는 유럽 근대 정치학만이 아니라, 유럽의 근대 자체를 발명한 인물 중 하나이다.

3.
존 로크: 계약과 '혁명'의 논리

존 로크(John Locke, 1632-1704)는 홉스와 마찬가지로 잉글랜드 사람으로서 홉스(1588-1679)보다 생몰연대가 50년 가까이 늦다. 이는 로크가 당대의 영향력 있는 정치사상인 홉스의 이론으로부터 일정한 영향을 받았고, 또 홉스의 이론을 비판할 수 있는 위치에 있었음을 의미한다. 우리가 택한 로크의 텍스트는 『통치론: 시민정부의 참된 기원, 범위 및 그 목적에 관한 시론』(*Two Treatises of Government*, 1689) 그리고 『관용에 관한 편지』(*A Letter Concerning Toleration*, 1689)의 두 권이다. 1689년에 출간된 로크의 이 두 저작은 유럽 근대 자연과학 혁명을 이끈 뉴턴(Isaac Newton, 1642-1726/1727)의 『자연철학의 수학적 원리』(*Philosophiæ Naturalis Principia Mathematica*, 1687)와 같은 잉글랜드에서, 거의 동시대에 발간되었다. 로크의 책들은 사실 뉴턴의 책만큼이나 새로운 시대를 열었다고 말할 수 있다. 우리는 우리가 다루고 있는 주요한 주제, 곧 무엇이 옳고 무엇이 그른지를 누가, 어떤 기준으로, 어떻게 결정할 수 있는가라는 문제를 중심으로 이 두 권의 책을 살펴보고자 한다.

1) 『통치론』: '오직 나 스스로의 양심에 따라'

로크는 책의 맨 앞에 등장하는 '자연 상태에 관하여'라는 장에서, 전쟁 상태로서의 자연 상태 및 이로부터 탈출하기 위한 유일한 방도로서의 사회계약, (중세 이래 내려오는) '자연법' 사상 등 홉스의 기본적 가설들을 받아들인다.

> "14. 모든 종류의 협약이 아니라 하나의 공동체에 함께 가입하여 하나의 정치체(政治體, Body Politick)를 만들기로 서로 합의하는 종류의 협약만이 인간들 사이의 자연상태를 종료시킨다."[27]

---

[27] 존 로크, 『통치론』, 강정인·문지영 옮김, 까치, 1996, 20쪽.

그러나 이러한 기본적인 가정에 대한 철학적 정당화 과정에서 로크는 앞선 이들의 논리에 대한 철저한 비판을 수행하면서 자신만의 또 다른 정당화 방식을 모색한다. 앞서 홉스의 논리를 따라 읽은 사람은 아래와 같은 로크의 논리가 어떤 점에서 홉스의 주장을 반박하고 있는지 쉽게 알아차릴 수 있을 것이다.

"6. 자연상태에는 그것을 지배하는 자연법(natural law)이 있으며 그 법은 모든 사람을 구속한다. 그리고 그 법인 이성은 조언을 구하는 모든 인류에게 인간은 평등하고 독립된 존재이므로 어느 누구도 다른 사람의 생명, 건강, 자유 또는 소유물에 위해를 가해서는 안 된다고 가르친다. 왜냐하면 모든 인간은 유일하고 전지전능한 조물주의 작품이기 때문이다. … 인간은 비슷한 재능을 부여받았고 모두 하나의 자연공동체를 공유하므로, 인간들 사이에서는 서로를 죽일 수 있는 권한을 부여하는 이른바 어떠한 복종관계도 상정될 수 없다."[28]

로크는 홉스와 달리 설령 '위임'에 의한 것이라 할지라도 인간들 사이의, 보다 정확히는 인간들이 내리는 판단들 사이의 질적 차이를 인정하지 않고 있는 것이다. 로크는 이어지는 단락에서, '각자가 자

28　　같은 책, 13쪽. 강조는 인용자.

신이 관련된 사건에 관해 재판관이 될 경우 그의 공정성을 담보할 수 없으므로, 홉스의 리바이어던과 같은 절대적 주권자가 이를 판단해야 한다'라는 반론을 소개하면서, 보다 직접적으로 홉스의 리바이어던 이론을 비판하고 있다. 이 부분에서 로크가 홉스의 이름을 직접적으로 들고 있지는 않지만, 이것이 홉스의 이론에 대한 비판임은 분명하다.

"13. 그러나 나는 이러한 반론을 제기하는 사람들에게 절대군주 역시 일개 인간에 불과하다는 사실을 상기시키고 싶다. 만약 인간이 스스로의 사건에서 재판관이기 때문에 필연적으로 나오는 그러한 해악에 대한 치유책이 정부이고 따라서 자연상태는 지속되어서는 안 되는 것이라면, 한 사람이 다수를 좌지우지하고 그 자신이 관련된 사건에서 재판관이 될 수 있고, 그의 기분이 내키는 대로 무슨 일이나 그의 신민들에게 할 수 있으며, 그렇게 집행하는 것에 대해서 어느 누구도 이를 의문시하거나 통제할 수 있는 최소한의 자유마저 가지지 못한 곳에는 대체 어떠한 종류의 정부가 존재하고, 과연 그것이 자연상태보다 얼마나 나은 상태인지 묻고 싶다. 그가 무엇을 하든 그리고 이성, 과오, 정념 등 무엇에 의해서 이끌리든 복종해야 하는가? 차라리 사람들이 타인의 부당한 의지에 복종하지 않아도 무방한 자연상태에 있는 편이 훨씬 나을 것이다."[29]

이렇게 홉스의 '절대적 판단자(로 인정하기로 우리가 계약을 맺은 자)'를 제거한 로크는, 이제 다음과 같은 질문을 통해 바로 논의의 핵심에 도달한다.

"21. 이러한 전쟁 상태(하늘에 호소하는 길밖에 없는 상태 그리고 다툼이 있는 자들 간에 결정할 권한이 있는 자가 없는 곳에서는 아무리 사소한 분쟁이라 할지라도 결국 도달하기 마련인 상태)를 피하려는 것이 사람들이 사회를 결성하고 자연상태를 떠나는 커다란 이유의 하나이다. 왜냐하면 호소를 통해 구제를 기대할 수 있는 권위, 곧 지상의 권력자가 있는 곳에서는 전쟁상태의 지속이 배제되고 분쟁이 그 권력에 의해 해결되기 때문이다. 이스라엘의 입다(Jephthah)와 암몬(Ammon) 사람들 간에 누가 옳은지 결정할 수 있는 그러한 법정, 곧 지상에서 우월한 권한을 가진 자가 있었더라면, 그들은 결코 전쟁상태에 이르지 않았을 터인데, 그렇지 않았기 때문에 우리는 입다가 하늘에 호소하지 않을 수 없었다는 점을 이해하게 된다. (그는 말하기를) "심판자 야훼께서 오늘 이스라엘 백성들과 암몬 백성들 사이를 판가름해주시기 바란다."(판관기[사사기(士師記)], 11:27) 그리고 나서 그의 호소를 집행하고 그것에 의지하여 그는 군대를 인솔하고 싸움터로 나간다. 그렇

---

29   같은 책, 19쪽. 강조는 인용자.

기 때문에 '누가 심판자가 될 것인가'라는 질문이 제기되는 그러한 분쟁에서 그 질문은 '누가 그 분쟁을 판정할 것인가'를 의미하는 것으로 이해되어서는 안 된다. 모든 사람이 여기서 입다가 우리에게 '심판자 야훼께서' 심판하시리라고 말하고 있다는 것을 안다. 지상에 아무런 심판관이 없는 경우에 호소는 하늘에 있는 하느님께 하는 것이다. 그렇다면 그 질문은 '다른 사람이 나와 전쟁상태에 돌입하게 되었는지 그렇지 않은지 그리고 내가 전쟁상태에서 입다가 그랬던 것처럼 하늘에 호소해도 되는지 그렇지 않은지를 누가 심판할 것인가'를 의미하는 것일 수 없다. 그러한 질문에 대해서는 내가 최후의 심판일에 모든 인간의 최고 재판관에게 답변하듯이, 오직 나 자신만이 스스로의 양심에 따라 심판할 수 있을 뿐이다."[30]

로크의 '현실주의'를 상징하는 이 인용은 우리가 고심하는 문제에 대한 로크의 기본적 관념을 보여 준다. 우선, 로크는 사람들이 '이러저러한 문제에 누가 해답을 내릴 권리가 있는가'를 묻는다는 사실 자체가 이미 그러한 질문에 해답을 내려 줄 지상의 권위가 존재하지 않음을 의미한다고 말한다. 따라서, 이처럼 문제를 해결해 줄 지상의 권위가 부재할 경우, 남겨진 유일한 답변은 '오직 나 자신만이,

---

30　　같은 책, 27-28쪽. 강조는 인용자.

스스로의 양심에 따르는' 것일 수밖에 없다.

이어서 로크는 자신이 대권(大權, Prerogative)이라 부르는 것에 관련된 다양한 조건들을 검토하는데, 대권이란 '법률의 지시가 없이도 그리고 때로는 심지어 법률을 위반하면서까지 공공선을 위해서 재량에 따라 행동할 수 있는 권력'이다.[31] 오늘날의 '통치권'과도 비슷한 것으로 보이는 대권은 단적으로 공공선을 위해 때로는 실정법을 위반해 가면서까지도 수행될 수 있는 주권자의 권력이다. 가령 2020년 현재 대한민국의 일반 시민이 조선민주주의인민공화국을 당국의 허가 없이 방문하여 해당국의 시민들과 접촉한다면 이는 실정법에 저촉되는 행위가 될 것이다. 그러나 통치권자가 해당국의 국가수반과 접촉하는 것은 이러한 실정법의 해당사항이 아니다. 이는 그의 고유한 권한으로서의 통치권에 속하는 일이기 때문이다. 왜냐하면,

"163. 정부의 목적은 공동체의 선이기 때문에 그것에 대해 어떤 변

---

31   같은 책, 154쪽.

경을 가하든 그 목적을 지향하는 한, 그 변경은 어느 누구도 침해하는 것이 아니다."[32]

로크는 이 대권에 관해서도 앞서 살펴본 문제, 곧 '그것이 정당하게 사용되었는지 누가 평가하고 판단하는가'라는 질문을 던진다. 로크의 대답은 다음과 같다.

"168. 대권이라는 이러한 문제에 대해서 다음과 같은 오래된 질문이 제기될 것이다. 그런데 이 권력이 정당하게 사용되었는가를 누가 판단할 것인가? 나는 다음과 같이 답변하겠다. 그러한 대권을 가지고 있는 행정권과 그 소집을 행정권의 의지에 의존하고 있는 입법권 사이에는 지상에 어떠한 재판관도 있을 수가 없다. 이것은 행정부나 입법부가 그들의 손에 권력을 장악하고 인민을 노예로 삼거나 파멸시키고자 할 때, 입법부와 인민 사이에 어떠한 재판관도 있을 수 없는 것과 마찬가지이다. 지상의 재판관이 없고 단지 하늘에 호소할 수밖에 없는 다른 모든 경우와 마찬가지로 이 경우에도 인민은 다른 아무런 해결책도 가지고 있지 않다. 그러한 시도를 함에 있어 통치자들은 인민(어느 누구든 자신들에게 해를 가하기 위해서 그들을 지배하는 것에 동

---

32   같은 책, 156쪽.

의한다고 상상될 수 없는)이 결코 그들의 수중에 위임한 바 없는 권력을 행사함으로써 그들에게 그렇게 할 권리가 없는 것을 행하기 때문이다. 일단의 인민이나 일개 개인이 그들의 권리를 박탈당했거나 정당한 권리가 없는 권력의 행사에 직면해 있지만 지상에 호소할 수 없는 경우, 그들은 충분히 중요한 이유가 있다고 판단하면 언제나 하늘에 호소할 자유가 있다. 그러므로 인민은 그 사회의 기본법에 따라 우월한 권력을 가지고 그 사건에 관해 유효한 판결을 내릴 수 있는 재판관이 될 수는 없지만, 인간의 모든 실정법에 선행하며 그것보다 우월한 법에 의거하여 지상에서 아무런 호소를 할 수 없을 때 모든 인류에게 속하는 궁극적인 결정권, 곧 그들이 하늘에 호소할 수 있는 정당한 명분이 있는가를 판단할 권리를 유보하고 있다. 그리고 이러한 판단권을 그들은 양도할 수 없는데, 그 이유는 인간이 다른 사람에게 자신을 복종시키는 것은 인간의 권한을 벗어나기 때문이다. 하느님과 자연은 인간에게 그 자신의 보존을 포기할 정도로 자신을 저버리는 것을 결코 허용하지 않기 때문이다. 그리고 그는 스스로 자신의 생명을 박탈할 수 없기 때문에, 하물며 다른 사람에게 그를 죽일 수 있는 별도의 권력을 내줄 수는 더더욱 없는 노릇이다. 지금까지의 논의가 무질서의 끊임없는 원천을 제공해주는 것으로 생각되어서는 안 된다. 왜냐하면 폐해가 너무나 커져서 대다수가 거기에 염증을 느끼고 급기야는 그것을 시정하고자 하기 전에는 이러한 사태가 좀처럼 발생하지 않기 때문이다. 그러나 행정권자나 현명한 군주는 이와 같은 위험을 결코 자초할 필요가 없다. 그리고 다른 무엇보다도 이 같은 사태는 다른 모든 것들 중에서 가장 위험한 것이므로 그들은 이를 필히 피하지 않으면 안 된다."**33**

홉스와 달리, 로크는 생명·재산·자유의 보존을 하느님이 인간 각자에게 부여한 신성불가침의 권리, 곧 어떤 실정법도 침해할 수 없는 가장 기본적 권리로 간주하고 있기 때문에, 이른바 '대권'이라 불리는 통치자의 어떤 행위가 자신들의 양심에 비추어 보아 적절하지 않은 행위, 곧 정부의 유일한 목적인 공공선을 위한 행위가 아니라고 판단될 경우, 정부를 전복시킬 권리가 있다는 주장을 편다. 이것은, 기원전 4세기 말에는 성립되었을 것으로 보는 『맹자』(孟子)가 말하는 **혁명**(革命)의 논리가 존재하지 않던 유럽의 입장에서 보면, 역사상 최초로 인민의 혁명을 정당화하는 논리이다. 홉스의 논리를 반박하는 로크의 주장은 『통치론』의 말미를 장식하는 '정부의 해체에 관하여'에서도 다시 한번 반복된다.

"231. 신민이나 외국인들이 무력으로 인민의 재산을 침해하려고

---

33   같은 책, 159-160쪽. 강조는 인용자.

기도하는 경우 무력으로 저항할 수 있다는 것은 온갖 부류의 사람들이 동의하고 있다. 그러나 동일한 일을 저지르는 위정자에게 저항해도 좋다는 주장은 최근 부인된 바 있다. 마치 법에 따라 최대의 특권과 이득을 누리고 있는 자들은 그로 인해 법률을 파기할 권리를 가지고 있으며 그것만으로도 그들의 동포들보다 유리한 지위에 서는 것처럼 말이다. 그러나 그들의 범죄는 그로 인해 더욱 가중되는데, 왜냐하면 그들은 법에 의해서 가지고 있는 커다란 몫에 대해서 감사하게 생각하기는커녕, 그들의 동포들이 그들의 수중에 맡긴 신탁을 파기하는 셈이다."[34]

왜냐하면,

"233. 정당방위는 자연법의 일부이며, 그것이 왕 자신에 대항하는 것이라고 해서 공동체에게 부정될 수는 없다."[35]

사회계약론이 신과 인간 사이의 계약이 아닌, 인간과 인간 사이의 계약이라고 할 때, 설령 그 계약을 위반한 자가 왕이라고 할지라도

---

[34]　　같은 책, 217쪽.
[35]　　같은 책, 219쪽.

이러한 사실은 계약을 위반한 왕이 자신의 책임을 면제받을 수 있는 하등의 이유가 되지 못하며, 사실은 오히려 자신에게 위임된 권력을 남용한 죄로 더 강력히 처벌받아야 한다는 것이 로크의 주장이다.

☞

이어지는 로크의 논리는 우리에게는 익숙한 『맹자』 「양혜왕 하」 (梁惠王 下) 편의 논리와 매우 유사하게 들린다.[36]

"239. 왕이 권위를 가지지 못하게 되는 경우 그는 더 이상 왕이 아니며 따라서 저항할 수 있다는 것이다. 어디서든 그의 권위가 정지하는 곳에서는 국왕도 왕으로서 행세할 수 없게 되며, 아무런 권위도 없는 여느 인간과 다름없게 된다. … 그[왕권신수설을 옹호한 절대군주

---

36   "제선왕이 물었다. '은나라 탕왕이 하나라 왕 걸을 축출했으며, 주나라 무왕이 은나라 주왕을 토벌했다는 데 그런 일이 있었습니까?' 맹자가 대답했다. '전해오는 문헌에 그런 기록이 있습니다.' 왕이 말했다. '신하가 자신의 군주를 시해해도 괜찮은 겁니까?' 맹자가 말했다. '인을 해치는 자를 도적이라 부르고, 도의를 해치는 자를 잔악하다고 말합니다. 잔악하고 도적질하는 이런 사람을 한낱 필부라고 부릅니다. 저는 한낱 필부인 주를 죽였다는 말을 들었을 뿐 군주를 시해했다는 말을 들은 적이 없사옵니다"(齊宣王問曰 湯放桀, 武王伐紂, 有諸 孟子對曰 於傳有之. 曰 臣弑其君可乎 曰 賊仁者謂之賊, 賊義者謂之殘, 殘賊之人謂之一夫. 聞誅一夫紂矣, 未聞弑君也, 『맹자』 「양혜왕 하」 · 8, 장현근, 『맹자: 바른 정치가 인간을 바로 세운다』, 한길사, 2010, 252-253쪽에서 재인용).

제의 옹호자 조지 바클레이는 자신의 교의가 도출된 원칙을 생략하였다. 곧 그것은 합의된 정부 형태를 보존하지 않음으로써 그리고 공공선과 재산의 보존이라는 정부의 목적 자체를 추구하려고 하지 않음으로써 신탁을 파기한 것을 가리킨다. 왕이 스스로 왕의 자리에서 물러나서 자기 자신을 그의 인민들과 대치 상태에 놓을 때, 무엇이 인민들로 하여금 전쟁상태에서 대치하게 된 다른 사람을 대하는 것과 마찬가지로 더 이상 왕이 아닌 자를 공격하는 것을 주저하도록 만들 것인가?"[37]

이어지는 마지막 단락에서 로크는 다시 '누가, 어떤 기준으로, 어떻게 이를 결정하는가, 결정할 수 있는가'라는 문제를 다룬다. 『통치론』은 243절에서 끝난다. 그리고 로크는 책의 대미를 이루는 240-243절에서 바로 우리가 제기한 문제, '옳고 그름을 누가, 어떤 기준으로, 어떻게 결정하는가'라는 문제로 되돌아간다. 이 부분은 조금 길지만, 전체를 인용할 충분한 가치가 있다.

---

[37] 존 로크, 『통치론』, 강정인·문지영 옮김, 224-225쪽.

"240. 여기서 다음과 같은 평범한 질문이 제기될 법하다. 누가 군주나 입법부가 그들의 신탁에 반해서 행동하는지 여부를 판단하는 재판관이 될 것인가? 군주가 그의 대권을 오로지 적절하게만 행사하고 있을 때, 아마도 사악하고 당파심 강한 사람이 이러한 의문을 인민들 사이에 유포시킬 수도 있다. 이 질문에 대해서 나는 인민이 재판관이라고 답변하겠다. 수탁자 또는 대리인이 그에게 맡겨진 신탁에 따라 잘 처신하고 있는지는 대리를 위임한 사람, 곧 위임하였기 때문에 그가 신탁에 반해 행동하면 그를 해임할 권력을 가지고 있는 사람이 아니라면 누가 판단하겠는가? 사사로운 인간들의 특정한 사례의 경우에 이렇게 하는 것이 이치에 맞다면, 어떻게 해서 가장 중요한 사례, 곧 수백만의 복지에 관련되고, 예방하지 않으면 해악이 더욱 커져 보상이 어려워지며, 비용도 많이 들고, 위험해지는 사례의 경우에 다른 해결책이 있겠는가?

241. 그러나 나아가 이 질문(누가 재판관이 될 것인가?)은 그러한 재판관들이 전혀 없다는 것을 의미하는 것으로 생각되어서는 안 된다. 인간들 간의 분쟁을 결정할 사법부가 지상에 없는 곳에서는 하늘에 있는 하느님이 재판관이다. 오직 그 분만이 참으로 정당한 재판관이다. 그러나 모든 인간은 다른 모든 경우에서와 마찬가지로 이러한 경우에도, 곧 다른 사람이 그와 전쟁상태에 처해 있는가 그리고 입다가 그런 것처럼, 그 역시 최고의 재판관에게 호소해야 하는가 여부에 대

해서 스스로 재판관이 된다.

242. 만약 법률이 침묵하고 있거나 모호한 사안 그러나 매우 중대한 결과를 초래할 사안을 놓고 군주와 일부 인민 사이에 분쟁이 일어난다면 나는 그러한 사례의 경우 적절한 심판관은 전체로서의 인민이라고 생각한다. 왜냐하면 군주가 그에게 맡겨진 신탁을 수행하고 있고, 법률의 통상적이고 일반적인 규칙의 적용을 면제받고 있는 상황에서 어느 누구든 자신들의 권리가 침해당하고 있음을 발견한다면 그리고 군주가 신탁에 반해서 또는 신탁을 넘어서 행동하고 있다고 생각한다면, 원래 의도한 신탁의 범위가 어디까지인가를 적절히 판단할 사람으로 (최초에 그에게 그러한 신탁을 부여한) 전체 인민 이외에 달리 누가 있겠는가? 그러나 만약 군주 또는 행정을 담당한 누군가가 그런 식으로 결정되는 것을 거부한다면, 그때에는 오직 하늘에 호소하는 길밖에 없다. 지상에서 알려진 공통의 우월자를 가지지 못한 사람들 간의 무력의 사용이나 지상의 심판관에 대한 호소를 허용하지 않는 무력의 사용은 마땅히 전쟁상태이고, 그 상태에서는 오직 하늘에만 호소할 수 있으며, 그 상태에서 피해를 입은 당사자는 언제 그러한 호소를 하여 하늘에 자신을 의탁하는 것이 적합한지를 스스로 판단해야 한다.

243. 결론을 내려 보자. 각 개인이 사회에 들어갈 때 그 사회에 양도한 권력은 사회가 존속되는 한 결코 개인들에게 되돌아가지 않으

며, 항상 공동체에 남아 있다. 왜냐하면 그러한 권리가 없이는 어떠한 공동체도, 어떠한 권리도 존재할 수 없으며, 그러한 상태는 원래의 합의에 반하는 것이기 때문이다. 또한 사회가 입법권을 그들의 후계자를 정하는 지침 및 권위와 더불어 일단의 사람들로 구성된 집회에 부여하고, 그 집회가 그들과 그들의 후계자들을 통해서 지속되면, 통치가 지속되는 한 입법권이 결코 인민들에게 되돌아가지 않는다. 왜냐하면 입법부에 영구히 지속될 권력을 부여함으로써 그들은 그들의 정치권력을 입법부에 양도한 셈이고 다시 회수할 수 없기 때문이다. 그러나 만약 그들이 입법부의 지속에 일정한 한계를 부과하고 이 최고의 권력을 특정한 인물 또는 집회에 오직 일시적으로만 부여하였다든가 또는 권한을 가진 자들이 실정에 의해서 그러한 권력을 몰수당한 경우에는 통치권의 몰수나 기간의 종료와 더불어 그 권력은 사회(society)로 되돌아간다. 그렇게 되면 인민은 최고의 권력자로서 행동할 수 있는 권리를 가지게 되며, 스스로 입법권을 계속 가지고 있을 것인가, 아니면 새로운 정부형태를 수립할 것인가, 아니면 예전의 형태를 유지하면서 입법권을 새로운 사람들에게 맡길 것인가를 그들이 좋다고 생각하는 바에 따라 결정할 권리를 가진다."[38]

38　　　같은 책, 227-229쪽. 강조는 인용자.

결론적으로 로크는 사회계약의 논리에 충실하여, 계약에는 언제나 적어도 두 당사자가 존재하고, 두 당사자 중 한 편이 일방적으로 계약을 위반한 경우, (계약의 두 당사자 중 결과적으로 왕, 곧 통치자에 대해서만 준수의 의무를 면제했던 홉스와 달리) 계약의 주체이자, 위임의 주체인 인민, 곧 피위임자인 통치자에게 그러한 권한을 부여했던 주체, 주인인 인민만이 스스로의 양심에 따라 (통치자가 계약을 충실히 지키고 있는가의 여부를 포함한) 사태의 추이를 이성적으로 판단하여, 통치자의 권한을 박탈할 것인지를 판단할 수 있는 권리를 가지고 있다고 말한다. 자신이 위임한 권한을 통치자가 남용하고 있는가의 여부에 관한 판단을 내릴 권리가 그러한 위임을 부여한 주체인 인민이 아니라면 도대체 누구에게 있을 수 있다는 말인가? 로크는 유럽과 세계의 역사를 근본적으로 바꾸어놓았다. 이제, 인민의 봉기는 더이상 불순한 '난'(亂)이 아니라, 정당한 인민의 '혁명'이 된다. 로크는 사회계약의 기본적 논리 위에서 약간의 규칙을 수정함으로써 인민의 혁명을 철학적으로 정당화했던 것이다.

2) 『관용에 관한 편지』: 우리 중 누가 결정할 수 있다는 말인가?

로크는 같은 해인 1689년 네덜란드에서 발간된 『관용에 관한 편지』에서 이러한 논의를 더욱 섬세히 그러나 단호하게 밀고 나간다.

관용이란 물론 기본적으로 좋은 것이다.[39] 그러나 관용은 하나의 태도인 동시에 하나의 능력이다. 누가, 어떤 기준으로, 어떻게 결정하는가라는 문제와 결합시킬 때, 관용의 문제는 다음과 같은 질문의 형식으로 드러난다. 관용은 물론 좋은 것이다. 그러나 관용은 어떻게 가능한가? 이러한 문제를 인식하고 이에 대한 명확한 대답을 내놓지 못하는 이상, 관용은 한낱 당위적 이상에 그치고 만다. 마치 이는 이해란 좋은 것이라고 되뇌지만 이해 능력의 결여로 결국 어느 누구도 이해하지 못하는 사람의 모습과도 비슷하다. 우리는 '관용은 어떻게 가능한가'라는 문제를 중심으로 로크의 『관용에 관한 편지』를 읽어 보자. 『관용에 관한 편지』는 크게 보아 『통치론』과 거의 같은 시기에 작성된 것이므로, 『관용에 관한 편지』의 서두는 『통치론』과 동일한 기본적 가정을 따라 시작된다.

"공화국은 오로지 세속적 재산(bona civilia)을 지키고 증식하기 위해 세워진 사람들의 사회(societas hominum)입니다. / 생명, 자유, 신체

39　물론 제국주의적 또는 사적 지배의 경우처럼, 관용은 지속 가능한 지배 (sustainable domination)를 위한 하나의 정치적 장치로도 기능한다. 이른바 '관용의 나라'로 알려진 프랑스 같은 경우, 또는 일본이나 그밖의 제국주의 국가들이 오늘날 보여 주는 이른바 '관용 정책'을 생각해 보면 쉽게 이해가 갈 것이다. 물론 '노골적인 야만'보다는 차라리 '위장된 관용·포용'이 더 낫지만, 이러한 관용의 이면, 위험성을 늘 인식하고 경계하는 것이 더 낫다.

적 건강, 무병(無病) 그리고 토지, 돈, 가구 등과 같은 외적인 것들의 소유를 저는 세속적 재산이라고 부릅니다. … 통치자의 모든 사법권은 오로지 세속적 이익에만 미치고, 세속 권력의 모든 권리와 지배는 오로지 이 세속적 재산의 보호와 증진에만 국한되며, 영혼의 구원에까지는 어떠한 방식으로도 확장되어서도 안 되고 확장될 수도 없음을 이하의 내용이 증명하고 있습니다. … 어느 누구도, 설령 자신이 원한다고 하더라도, 타인의 지시에 따라 믿을 수는 없기 때문입니다. … 어떠한 외적인 힘으로도 강제될 수 없는 것이 인간 지성의 본성입니다.”[40]

인간의 지성에 관한 로크의 가장 기본적인 대전제는 그것이 이성과 양심을 따른다는 것이다. 그리고 이성과 지성 양자는 설령 당사자가 원한다 해도 자신의 마음대로 조작 불가능한 것이다. 따라서 종교의 자유와 정치적 신념을 강제하는 행위는 이성과 양심, 곧 자연법에 반하는 폭력이다. 이어지는 문장에서 로크는 곧바로 관용의 가능 근거를 다룬다.

“만약 어떤 사람이 [종교적으로] 올바른 길에서 벗어난다면, 그 불

---

40   존 로크, 『관용에 관한 편지』, 공진성 옮김, 책세상, 2008, 21-24쪽.

쌍한 사람은 자기 자신에게만 잘못을 범하는 것일 뿐, 당신에게 죄를 짓는 것이 아닙니다. 그러므로 당신은 그 사람에게서 이 세상의 재화를 빼앗는 잘못된 처벌을 해서는 안 됩니다. 당신은 장차 올 시대에 [이 세상이] 멸망하게 될 것을 믿기 때문입니다. 종교적인 문제를 둘러싸고 서로 다투는 사인들이 서로 관용해야 한다는 저의 말이 또한 개별 교회들에도 적용된다고 생각합니다. … 왜냐하면 모든 교회가 자기에게는 정통이며, 다른 교회에게는 잘못된 교회이거나 이단이기 때문입니다. 교회들은 무엇이든 자기가 믿는 것을 참이라 믿고, 다른 상태로 변한 것을 오류라고 정죄합니다. … [그러한 권한을 가진 심판자는] 콘스탄티노플에도 없고 이 땅 어디에도 없습니다. 그 문제에 관한 결정권은 오직 모든 사람의 최고 심판자[신]에게만 속합니다. 잘못을 범한 자에 대한 징계 역시 오로지 그분에게만 속합니다. … 무엇보다도 오로지 자신의 일만을 행해야 하며, 결코 다른 사람들의 의견과는 상관없이 오로지 하느님이 기뻐하신다고 스스로 믿는 방식으로만 하느님을 섬기려고 애쓰는 그래서 영원한 구원에 대해 가장 큰 희망을 준다고 스스로 믿는 종교를 받아들이는 그런 사람들에게 악을 휘두르지 않아야 합니다. 자신의 것을 가지고서 무엇이 자신에게 적합한지를 고려하고 그 판단에 따라서 최적인 것을 추구하는 것은 각자의 소관입니다. 이 사실은 집안일과 재산, 신체의 건강에 관해서도 적용됩니다. 그래서 자기 이웃이 집안

일을 잘못 관리하더라도 어느 누구도 그를 고소하지 않습니다. [자기 이웃이] 땅에 씨를 잘못 뿌리거나 딸을 잘못 시집보내는 것에 대해 어느 누구도 분노하지 않습니다. 자기 방식으로 무너뜨리고[파산하고] 세우고[모으고] 낭비하는 것은 침묵되며 허락됩니다. … 그러므로 자기 영혼을 돌보는 일은 각자에게 달려 있으며, 각자에게 맡겨져야 합니다. 당신은 이렇게 말할 것입니다: 만약 어떤 사람이 자기 영혼을 돌보는 일을 소홀히 한다면 [어떻게 해야 하는가]? 저는 이렇게 대답합니다. 만약 그가 자기 건강을 돌보는 일을 소홀히 한다면, 만약 그가 [영혼을 돌보는 일보다] 통치자의 명령권에 더 가까이 속해 있는 자기 집안일을 돌보기를 소홀히 한다면, 통치자가 그 일에 대한 법령을 만들어서 병들거나 가난해지지 않도록 조심케 해야 합니까? 법은 할 수 있는 대로 신민들의 재산과 건강을 타인의 폭력이나 사기로부터 보호하려고 노력하지만, 소유자 스스로의 부주의나 낭비로부터는 보호하려고 노력하지 않습니다. 어느 누구도 억지로 건강해지도록, 억지로 부유해지도록 강제할 수 없습니다. 원하지 않는 사람은 심지어 하느님도 구원하지 않으실 것입니다."[41]

관용을 가능케 하는 로크의 논리는 기본적으로 다음과 같은 것이

---

41   같은 책, 33-42쪽. 강조는 인용자.

다. 모든 사람, 모든 교회는 자신의 신념과 판단에 부합하는 것만을 '유일하게 옳은 것'이라 가정한다. 그러나 모든 사람, 모든 교회가 바로 그러하다. 모든 사람, 모든 교회가 배타적으로 자기 자신의 신념과 판단에 부합하는 것만이 유일하게 합리적이며 타당한 것, 옳은 것이라고 말한다는 사실이 있다는 것이다. 그렇다면 이는 『관용에 관한 편지』보다 이른 시기에 작성된 것으로 믿어지는 『통치론』에서 말하는 '무엇이 옳고 그른가를 판정해 줄 권위가 지상에 존재하지 않을 경우'에 해당된다. 이에 대한 로크의 대답은 '오직 스스로의 양심(과 이성)에 따라'였고, 이는 『관용에 관한 편지』의 가장 기본적인 대전제가 된다.

물론 최후의, 궁극의 권위를 가진 존재는 하느님이나, 지상의 인간 중에는 하느님이 있을 수 없고, 따라서 오직 자신이 하느님의 말씀을 안다고 (또는, 안다고 믿어 의심치 않으며) 말하는 자들만이 존재한다는 것이다. 이때 각자는 자신, 또는 각자가 옳다고 믿는(오늘날의 관점에서는, 실은 대부분의 경우 그렇게 느끼고 생각하도록 조건화된) 교회의 입장을 유일하게 옳은 단 하나의 입장으로 간주하는 사실이 있다는 것이다(세속 정치와 종교적 입장이 오늘날보다 훨씬 밀접한 연관을 가지고 있었던 17세기 잉글랜드의 상황을 고려하면, 로크가 말하는 각각의 '교회들'이란 오늘날의 정치적 정당에 더 가까운 측면이 있다). 그러나 그러한 궁극의 권위를 가진 존재는 오직 하느님일 수 있을 뿐, (로크 자신을 포함하여) 결코 지상의 어떤 존재일 수 없다. 따라서 각자는 자신의 양심과 이성에 따라 판단할 수밖에 없다. 나아가, 로크의 관점에서, 우리가 '우리가 볼 때' 종교적·정치적으로 '분명히 잘못된 길을 걷는 것으로 보이는 자'를 처벌하기는 쉽지 않은 일이다. 그 사람은 무엇보다도 (타인이라기보다는) 자기 자신의 인생을 망치고 있기 때문에 우리는 그 사람을 불쌍히 여길지언정 그 사람을 처벌하지는 않는다. 이때의 '처벌하지 않는다'는 말은 사실상 '굳이 처벌할 필요가 없다'는 말이며, 이는 결국 '처벌해서는 안 된다'는 주장으로 이어진다. 로크는 다음처럼 논증한다. 마치 후세 존 스튜어트 밀의 『자유론』을 읽는 것과도 같은 착각을 불러일으키는 아래의 단락은 (『관용에 관한 편지』 자체가 그렇지만) 실로 관용의 논리만의 아니라, 유럽의 인권 담론에 크게 기여한 기념비적인 문장이라 말하지 않을 수 없다. 아래의 문장은 관용을 행해야 한다는 당위만을 이야기하고 있는 데 그치지 않고, 관용이 수행되어야 하는 논거를 제시하고 있다. 아마도 철학자의 유일한 의무란 것이 있다면, 그것은 바로 이렇게 우리가 무엇인가를 받아들이거나 받아들이지 말아야 하는 이유에 대한 논증을 제시하는 일일 것이다.

"그러나 당신은 이렇게 말할 것입니다: 돈을 버는 기술은 천 가지 이지만, 구원의 길은 단 한 가지이다. 분명 이것은 옳은 이야기입니다. … 그러나 이 상황에서 서로 다른 길들이, 그리고 서로 다른 방향을 향하는 길들이 생겨난다는 것을 열성분자들과 자기의 방식과 다른 모든 것을 비난하는 자들에게 인정해 줍시다. 마침내 우리는 어느 길로 나아가야 합니까? 그 길들 가운데 오직 하나의 길만이 구원에 이르는 진정한 길일 것입니다. 그러나 사람들이 지나가는 천 개의 길 가운데 무엇이 올바른 길인지는 [신만이 알 뿐, 사람들은] 모릅니다. … 어쩌면 당신은 이렇게 말할 것입니다. 거룩한 사안들에 관하여 확실하고 [그래서] 모든 사람들이 마땅히 따라야 하는 판단을 우리는 세속 통치자에게 맡기지 않고 마땅히 교회에 맡기며, [다만] 교회가 확정한 것을 세속 통치자가 모든 사람들로 하여금 지키도록 명령하고 어느 누구도 거룩한 사안에 대해 교회가 가르치는 것과 다르게 행동하거나 믿지 않도록 자신의 권위로써 지킬 정도로 판단의 권한은 교회의 수중에 있다. … 그러나 저는 묻습니다: 어느 교회의 [결정을 말하는 것입니까? 당연히 군주를 기쁘게 하는 교회의 [결정입니다]. … 성직자들의 의견 대립과 싸움은 충분한 정도 이상으로 잘 알려져 있습니다. 성직자들의 판단이 결코 더 건전하지도 않고 결코 더 안전하지도 않습니다. … 그러나 이 논쟁의 핵심이고 이 논쟁을 완전히 매듭짓는 것은 바로 이것입니다: 설령 통치자의 종교에 대한 생각이 더 나은 것이고 그가 가도록 명령하는 길이 참으로 복음적이라 할지라도, 만약 그것이 저의 영혼에서부터(ex animo) 제게 설득되지 않는다면 그것은 저에게 구원을 가져다주지 못할 것입니다. 저의 양심에 반하여 나아가는 어떠한 길도 저를 축복받은 자들의 처소로 결코 인도하지 못할 것입니다. 제가 혐오하는 방법을 통해서도 저는 부유해질 수 있을 것입니다. 제가 그 효능을 의심하는 약을 통해서도 저는 건강해질 수 있을 것입니다. 그러나 제가 의심하는 종교를 통해서, 제가 혐오하는 예배 형식을 통해서 구원을 받을 수는 없습니다. … 제가 참된 종교라고 믿지 않는 어떠한 종교도 제게 참되거나 유용할 수 없습니다. 그러므로 통치자가 영혼의 구원이라는 구실을 내세워 신민들을 종교 행사에 강제로 동원하는 것은 쓸 데 없는 일입니다. … 그러므로 당신이 타인에 대한 선한 의지를 가졌다고 아무리 주장하고, 타인의 구원에 대해 아무리 많이 애쓰더라도, 사람은 구원받도록 강제될 수는 없습니다. 결국 [구원의 문제는] 각자에게, 각자의 양심에 맡겨져야 합니다. / 이렇게 해서 마침내 우리는 사람들을 종교 문제에서 타인의 지배로부터 자유롭게 합니다."[42]

우리는 모두 나의 판단이 옳다고, 그리고 이 세상에는 하나의 진실만이 있다고 생각한다. 바로 이런 생각은 (나의 의도와도 무관하게) 우선적으로 나와 다를 수밖에 없고, 실제로도 늘 나와 다른 타인들

---

[42]   같은 책, 42-50쪽. 강조는 인용자.

의 판단, 또는 판단 능력에 대한 부정과 불신에 기초하고 있다. 왜 이런 일이 일어나는가? 사실 그것은 타인의 판단과 판단 능력에 대한 부정과 불신에 기인한다기보다는, 차라리 자기 체험의 진실성에 대한 믿음, 보다 정확히는 자신이 진실하게 체험한 것을 한 번쯤 부정하고 스스로의 체험과 판단에 대해 거리를 두고 생각해 본 경험의 부재에서 온다고 말하는 것이 더 사실에 가까울 것이다. 이는 자신의 주관적 체험에 대한 진실한 믿음, 또는 자신이 체험한 것의 진실성에 대한 의심 없는 믿음에서 온다. 나는 내 체험의 진실성을 직관적으로 안다. 그러나 타인의 생각을 비판할 뿐 자신의 생각을 비판적으로 검토할 생각도 능력도 없는 이 선남선녀는 다만 자기 확신의 감옥을 영원히 맴돌 뿐이다. 이 선남선녀의 잘못은 단 하나다. 내 체험의 진실성을 의심하지 못하는 무능력, 인간이 그러한 일을 수행할 수 있다는 상상력 자체의 결여. 이 사람은 사실 타인이 가진 생각을 부정하지도 않는다. 이 사람은 다만 자신이 직접 겪은 체험의 진실성에 대한 직관적인 믿음만을 가지고 있을 뿐, 타인은 어떤 생각을 하는지, 어떻게 해서 그 사람은 그런 생각을 갖게 되었는지에 대한 근본적 관심이 결여되어 있을 뿐이다. 이 사람이 아는 것은 다만 나의 체험이 진실하니 나로서는 이를 부정할 수가 없다는 것, 나아가 진실은 하나밖에 없는데, 나의 체험이 진실하니 그로부터 형성된 나의 생각은 옳고, 따라서 나의 생각과 다른 생각이 동시에 옳을 수는 없으므로, 다른 이들의 생각은 틀린 것이리라는 검토되지 않은 막연한 믿음이다. 이 사람은 사실 다른 사람들이 같은 사태를 어떻게 달리 보는가는 알지 못한다. 이렇게 자기 체험의 진실성을 한 치의 의심도 없이 믿는 사람은 (사실은 전혀 아무런 악의도 없이) 이렇게 말하게 된다. 이렇게 말할 수밖에 없다. "나는 맞고 너는 틀리다." 그러나, 주관적 경험주의, 직관적 진정성, 흔들림 없는 자기 확신에 입각한 이러한 가정은 타인도 역시 나와 똑같은 사람이고, 타인 역시 '나는 맞고 너는 틀리다'라는 생각을 하고 있다는 생각에 직면하게 될 때, 스스로 무너진다. 이러한 주장은 다만 나의 체험이 너의 체험보다 더 진실하므로 나의 체험과 판단이 너의 체험과 판단보다 더 중요하게, 더 우선적으로 고려되어야 한다는 무근거한 입장으로 귀착되어 버리고 말기 때문이다.

그런데 사실, 내 체험의 진실성을 (설령 방법적으로라도) 한 번쯤 부정해 본다는 것은 쉽지 않은 일이다. 그러나, 후대의 칸트가 말하고 있듯이, 이성의 비판이란 근본적으로 이성의 자기비판 능력이다. 타인만을 비판하고 자기 자신을 비판하지 못하는 이성이란 결코 이성적이지도 보편적이지도 않다. 그것은 이성이 아니라, 차라리 자신을 이성적으로 바라볼 수 없는 무능력, 이성의 결여다. 그리고, 로크에게도, 이러한 이성의 영역은 곧 양심의 영역이다. 따라서, 이러한 영역에 대한 법적 금지와 처벌은 무의미하며, 나아가 잘못된 것, 부도덕한 일이다. 이제, 이러한 결론이 나온다.

"특정한 의견들의 진리성에 관해서 법률은 관여해서는 안 됩니다. 그러나 각 사람의 재산과 공화국의 보호와 안전에 관해서는 관여합니다. … 진리성의 문제가 일단 자신에게 맡겨진다면, 여행을 떠난 진리와 함께 사태는 잘 해결될 것입니다. … 권고와 논증은 그것을 다른 사람의 영혼에 제아무리 많이 사용하기를 원하더라도 모두에게 허락됩니다. 그러나 무력과 강제는 없어야 합니다. 그곳에서는 지배를 위한 어떠한 것도 행해져서는 안 됩니다. 어느 누구에게도 이 일에 관해 자기 자신에게 납득되는 것 이상으로 다른 사람의 충고나 권위를 따를 의무는 없습니다. 자신의 구원에 관해서는 각자에게 최고이자 최종적인 판단권이 있습니다. 왜냐하면 [이 경우에는] 자기 자신만이 오로지 사안으로 다루어지고, 다른 사람은 그것으로 어떤 피해도 입을 수 없기 때문입니다."[43]

---

43   같은 책, 68-71쪽. 강조는 인용자.

로크에게, 이성의 영역은 곧 양심의 영역이며, 양심에 대한 최종 판단자는 오직 신뿐이다. 그리고 지상에는 신이 없다. 그것은 사후의 일이며, 우리가 살아 있는 삶의 영역에서는 오직 각자가 자신의 판단에 입각해 살 수 있을 뿐이다. 이는 그러한 판단이 타인, 또는 모두가 관련된 공적 영역이 아니라, 판단 주체만이 관련되는 사적 영역, 개인의 영역이기 때문이다. 지상에 신이 없다는 말은 지상에는 무엇이 옳고 그른가를 우리에게 알려 줄 존재, 최종적 판단을 내려 줄 존재가 부재함을 의미한다. 지상에 최종적 판단을 내려 줄 존재가 없다는 말은 지상에는 그러한 최종적 판단을 수행할 수 있는 능력을 가진 존재가 없다는 말이다. '자유주의의 아버지'라 불리는 로크는 (오늘날 '소극적 자유주의'와는 달리) 이러한 논리를 공적 영역에 대해서까지도 과감히 확장시킨다.

"당신은 이렇게 말할 것입니다: 만약 통치자가 이 [종교적인] 것이 공공선을 위해 실행되어야 한다고 믿는다면 어떠한가? 저는 대답합니다: 각 사람의 사적인 판단은, 그것이 잘못된 것일지라도, 그를 법에 대한 [복종의] 의무로부터 결코 면제하지 않으므로, 예컨대 통치자의 사적인 판단도 신민들에 대해 법을 제정할 권리를 그에게 더해 주지 않습니다. 그러한 권리는 공화국의 헌법에 의해서 그에게 부여되지 않았을 뿐만 아니라 당연히 부여될 수도 없습니다. 그러므로 다른 사람들에게 빼앗은 전리품으로 통치자가 자기의 추종자들, 자기 종파의 신자들을 증가시키고 치장하기 위해 그러한 일을 행하는 것은 더욱 안 될 일입니다. 당신은 이렇게 물을 것입니다: 통치자는 자신이 명령하는 것이 자기 권한 안에 놓여 있으며 공화국에 유리하다고 믿지만, 신민들은 반대로 믿는다면 어떠한가? 누가 그들 사이에 심판자(judex)가 될 것인가? 저는 이렇게 대답합니다: 오로지 하나님만이 [심판자이십니다]. … 사람들 사이의 분쟁이 해결되는 방식에는 두 가지가 있는데, 그 하나는 법을 통한 해결이고, 하나는 무력을 통한 해결입니다. 그것들의 본성은 다음과 같아서, 하나가 멈추는 곳에서 다른 하나가 시작됩니다. … 제가 아는 것은 단지 심판자 없이 논쟁이 이루어지는 곳에서 어떤 일이 일어나곤 하는가입니다. 당신은 이렇게 말할 것입니다: 통치자가 더 강한 자이므로 자기 사정에 따라서 자기가 믿는 바를 힘으로 관철할 것이다. 저는 이렇게 대답합니다: 당신의 말은 옳습니다. 그러나 여기서 우리가 탐구하고자 하는 것은 **옳게 행동하고자 하는 사람들이 마땅히 따라야 할 규범에 관한 것이**지, 의심스러운 사람들의 [부당한] 성공에 관한 것이 아닙니다. … 지배가 은총에 기초한다는 주장은 그 주장의 옹호자들에게 모든 것들의 소유권을 마침내 부여하는 것입니다. 그러므로 그들은 자신이 참으로 신실하고 믿을 만하다는 것조차 믿거나 고백하기를 원치 않을 정도로 심하게 스스로에게 부족함이 있는 사람들입니다. 자기 자신이 신실하고 종교적이며 정통이라고 자처하면서, 시민적 사안에서 자기 자신에게 나머지 필사(必死)의 존재[인간]들에 비해 그 어떤 특권이나 권력을 부여하는, 그리고 자기 교회 공동체로부터 낯선 또는 어떤 방식으로든 분리되어 있는 사람들에 대한 그 어떤 권력을 종교의 미명하에 자신에게 주장하는 이러저러한 교리들은 따라서 통치자로부터 관용되기 위한 어떠한 권리도 가질 수 없습니다. [이는 마치] 종교에 대해서 자신들과 다른 생각을 가진 사람들도 관용되어야 한다는 것을 가르치려고 하지 않는 교리들이 통치자로부터 관용될 수 있는 어떤 권리도 갖지 못하는 것과 같습니다. 그러므로 이러저러한 모든 것들이, 어떠한 기회가 주어지든 간에, 공화국의 법률과 시민들의 자유와 재산을 공격하려는 것 외에 무엇을 가르치는 것이겠습니까? 또한 그것은 스스로 그 일을 감행하기에 충분한 군대와 힘을 가지게 될 때까지 호의와 자유가 자신에게 주어지기를 통치자에게 바라는 것입니다."[44]

조금은 복잡한 로크 논증의 대강은 다음과 같다. 우선, 로크는 다음과 같은 비판을 상정해 본다. 그러나, 통치자가 공공의 선을 위해 특정 주장을 타인들에게 강제로 부과한다면, 이는 용인되어야 하

---

44 같은 책, 74-77쪽. 강조는 인용자.

지 않는가? 로크는 다음처럼 답한다. 그러나 그러한 입장을 피통치자들에게 강제하는 통치자는 어떤 존재인가? 통치자는 어떤 근거로 자신의 판단이 실제로 옳은 것이라고 확신하는가? 통치자가 신이 아니라 인간인 이상, 어떤 인간에게도 그런 능력이 주어진 적이 없으므로, 이때 통치자는 다만 자신의 능력을 넘어선 월권을 행하고 있을 따름이다. 간단히 말해, 이는, 설령 그것이 선의에 의해 행해졌다 하더라도, (알든 모르든, 원하든 원치 않든) 결국 권력의 남용에 불과하다.

로크에 대한 가상의 비판은 다음과 같이 이어진다. 그러나, 그렇다고는 해도, 통치자는 가장 강한 존재이므로 확신을 가지고 자신의 신념을 피통치자들에게 무력으로 강제할 수 있을 것이다. 이는 어떻게 보아야 하는가? 로크는 이렇게 답한다. 물론 통치자는 현실의 강자이므로 실제로 그렇게 할 수 있을 것이다. 그러나 이때 통치자는 자신에게 주어진 권한을 넘어서 월권을 행하고 있는 것인 만큼, 설령 통치자가 이러한 일에 성공한다고 해도 통치자는 이때 다만 월권과 권력의 남용을 행하고 있을 뿐이다. 로크는 우리가 지금 논의하고 있는 것은 우리가 어떻게 행동해야 하며, 어떤 일을 해서는 안 되는가에 관한 것이지, 부도덕한 강자가 현실에게 승리하는 경우를 논하고 있는 것이 아니라고 답한다. 이때 잘못된 일을 하고 있는 것은 통치자이므로, 우리는 통치자를 따라야 할 이유가 없고, 나아가 통치자를 따르는 것은 이 경우 부도덕한 일이 된다. 결국 이 경우 통치자에 대한 복종은 부도덕한 일이 되고, 통치자에 대한 저항만이 도덕적인 일이 된다.

이런 맥락에서, 로크의 반비판은 다음처럼 이어진다. 나아가, 자신의 주장이 진리를 말하고 있으며, 다른 주장들은 그저 자신의 (잘못된) 의견을 말하고 있을 뿐이고, 따라서 자신의 주장이 다른 주장들보다 우월하고, 다른 주장들보다 특별한 지위를 누려야 한다는 주장은 그 자체로 결코 용인되어서는 안 된다. 이 지상의 어떤 누가, 통치자이든 아니든, 도대체 누가 그런 능력과 권리를 가지고 있다는 말인가? 그런 인간은 존재할 수 없으며, 그리스도교의 교리에도 어긋난다. '지배자의 권능은 하늘이 주신 것'이라는 말은 오직 그러한 주장을 펼치는 자의 이익을 공동체의 이익으로 포장하는 권력 정당화 담론이다. 자신만이 하느님의 권능을 알고 있으며 대행할 수 있다는 주장, 하느님이 내게 지상을 다스릴 권한을 주셨다는 주장은 잘못된 자기 권력 정당화의 담론일 뿐만 아니라, 그리스도인이 결코 말할 수도 없고 말해서도 안 되는 '이단적' 주장이다.[45] 마찬가지로,

---

45 물론 이른바 '이단'(heresy)이라는 지칭 자체가 자신의 입장과는 다른 어떤 해석을 '이단'(異端)으로 지칭하는 명명(命名) 권력(naming power)을 수행하는 행위이므로, 즉 자기 해석의 배타적 진리성, 유일한 올바름, 곧 '정통'(正統, orthodoxy)임을 가정하는 행위이므로, 이미 관용론의 논증과는 어긋나는 지칭이다. 도대체 지상의 누가 자신

'나의 주장만은 옳은 주장이므로 다른 주장에 비해 더 경청되고 존중받아야 하며, 나아가 동일한 근거에 의해 나와 다른 주장을 용인해서는 안 된다'는 주장은 자신의 주장에 대해 자신의 주장만은 예외로 설정하는 비일관적 주장, 처음부터 자기 주장의 옳음을 가정하는 주장, 타인의 의견은 존중하지 않으면서 자신의 주장만은 존중받아야 한다고 주장하는 주장, 사실은 일고의 가치도 없는 주장, 결코 존중받을 수 없는 주장, 결코 존중해서는 안 되는 주장이다. 오늘날 '관용의 한계에 관한 논의'에 속하는 로크의 이런 결론은 이렇게 자기 주장의 배타적 옳음과 우위를 주장하는 주장이 자유주의의 존

의 해석이 해석이 아닌 신의 뜻 그 자체를 '있는 그대로' 올바르게 정확히 반영한 것이라고 말할 수 있겠는가? 이는 다만 그러한 주장을 펼치는 이들, 그리고 그러한 주장에 동조하는 이들의 믿음일 뿐이다. 나아가 이러한 주장에 동조하는 이들의 수가 많고 적음은 그러한 주장 자체의 진리성 여부와 무관한 우연적 사태일 뿐이다. 옳고 그름은 다수결과는 무관하다. 로크가 『관용에 관한 편지』에 덧붙이고 있는 '부록: 이단과 종파의 분리'(91-96쪽)는 이러한 점을 훌륭하게 논증하고 있다. 이 부록은 다음과 같은 단언으로 끝나고 있다. "저는 한마디로 말합니다: 분명한 구절들을 통해 신성한 말씀이 말한 어떠한 것도 부정하지 않는 사람들, 거룩한 문서에 명확하게 포함되어 있지 않은 그 어떤 것 때문에 분리를 만들지 않는 사람들, 그들이 그리스도교라는 이름의 그 어떤 종파에게 나쁜 소리를 듣고, 그 일부이거나 전부이거나 간에, 그 종파에게 참된 그리스도교로부터 벗어났다고 선언되더라도, 결코 이단자나 종파분리자는 될 수 없습니다. / 이 일[문제의 해명]이 더 우아하고 더 상세하게 수행될 수 있었겠지만, 너무나도 총명한 당신에게는 [이 정도만] 일러 주는 것으로 충분할 것입니다"(96쪽). 이 부록은 그 자체가 매우 훌륭한 논증을 담고 있고, 전체가 5-6쪽 정도로 매우 짧으므로, 독자가 직접 읽어 보기를 권한다.

립 근거 자체를 파괴하는 것으로 결코 용인되어서는 안 된다는 주장이다.

따라서, 나와 다른 입장에 대한 관용만이 유일하게 옳은 태도이다. 이에 대한 단 하나의 예외는 자기 주장의 배타적 진리성과 우위를 주장하면서, 다른 입장들을 부정하고 불관용하는 입장이다(자유주의적 관용의 한계·조건). 따라서 이제 (물론 실제의 종교적 교회이기도 하지만, 성격상 오늘날의 '정당'에 더 가까운, 당시의) 교회는, 이성과 양심의 법, 자연법, 그리스도교의 법에 따라, 관용을 수용해야만 한다.

"교회들이 다른 교회를, 설령 그 교회가 성사에 관해 자기 교회와 다르게 생각할지라도, 관용해야 하며, 종교적인 사안과 관련해서 어느 누구도 법이나 무력으로 강제해서는 안 된다는 법을 모든 교회가 가르쳐야 하며 자기 교회의 자유의 토대로 삼아야 합니다. 이 한 가지 원칙이 확립되면 양심의 이름으로 행해지는 온갖 비난과 소란의 구실이 제거될 것입니다. 그리고 이 흥분과 분노의 원인이 제거되면 다른 회합보다 이 회합이 [특별히] 더 평화를 해치거나 정치적 무질서를 가져오지는 않게 될 것입니다. … / 당신은 이렇게 말할 것입니다: 회합과 사람들의 조우가 공화국에 위험하며 평화를 위협합니다. … [그러나] 사람들은 공개적으로 모일 자유를 덜 가지고 있을수록 [다른 종파의 의견에] 덜 공감하는 것이 아니라 오히려 더 공감하니다. ⋯ 그러므로 [이제] 사실이 무엇인지 말합시다: 통치자는 다른 교회들을 두려워하지만 자기 교회는 두려워하지 않습니다. 왜냐하면 통치자는 자기 교회에 대해서는 호의를 갖고 있으며 관대하지만, 다른 교회들에 대해서는 엄격하고 잔인하기 때문입니다. 자기 교회에 대한 통치자의 태도는 어린아이들을 대하는 태도와 같아서 방종에 대해서까지 관대합니다. 반면에 다른 교회들에 대한 통치자의 태도는 노예를 대하는 것과 같아서 강제수용소, 감옥, 권리 상실, 재산 몰수, 더 빈번하게는 무고한 목숨을 대가로 하는 일들이 벌어집니다. 자기 교회들은 보살핌을 받지만, 다른 교회들은 어떤 이유에서건 채찍을 맞습니다. [하지만] 처지가 바뀐다면, [또는 다른 교회에 속한 사람들이] 시민적 사안에 있어서 다른 시민들과 동등한 권리를 누린다면, 당신은 종교적 회합을 더 이상 두려워할 필요가 없음을 즉각 알아차리게 될 것입니다. 왜냐하면 만약 어떤 사람들이 이른바 교회를 분리하려고 궁리한다면, 그러한 일에 사람들이 모이도록 설득하는 것은 종교가 아니라 억눌린 비참한 상황이기 때문입니다. 공정하고 온화한 통치는 어디에서나 평온하고 어디에서나 안전합니다. 불의와 폭정에 괴롭힘을 당하는 사람들은 언제나 저항할 것입니다. ⋯ 인민을 폭동으로 모는 것은 언제나 단 한 가지, 억압입니다. 당신은 이렇게 말할 것입니다: 그러니까 당신은 통치자의 뜻을 거스르며 종교행사를 위한 회합이 이루어지기는 것을 원하는가? 저는 이렇게 대답합

니다: 왜 그것이 통치자의 뜻을 거스릅니까? [인민들이 하는] 일은 합법적이고 필연적입니다. '통치자의 뜻을 거스른다'고 당신은 말합니다. 이것이 바로 제가 문제 삼고자 하는 것입니다. 이것이야말로 악의 원천이고 이 땅에 닥친 재난입니다. 어째서 사람들의 모임이 극장이나 서커스에서보다 성전에서 [이루어지는 것이 당신의] 마음에 더 들지 않습니까? 군중은 여기에서 더 악하거나 더 소란스럽지 않습니다. 그러므로 모든 문제가 마침내 이렇게 귀결됩니다. 그들은 부당한 대접을 받았고, 그렇기 때문에 더 이상 참을 수가 없게 되었습니다. 권리상의 불평등한 차별을 제거하십시오. 법률을 개정하여 사형과 같은 처벌을 없애십시오. 그러면 모든 것이 보호되고 안전하게 될 것입니다. … 모든 선량한 시민들이, 그들이 어느 교회에 속해 있든지 간에 상관없이, 군주의 동일한 호의와 법의 동일한 불편부당함을 누리고 종교 때문에 어떠한 차별도 받지 않을 때, 오로지 범죄자들과 시민적 평화를 해치는 자들에게만 법률의 엄격함이 두려운 것이 될 때, 그만큼 더 많이 증가한 친위대에 의해서 공화국이 더 안전해지지 않겠습니까?"[46]

이 한 가지 원칙, 자신과 해석이 다르다고 해서 자신과 다른 주장

---

46   같은 책, 77-85쪽. 강조는 인용자.

을 억압하지 않는 관용의 원칙이 확립된다면, 더 이상의 분쟁은 없을 것이다. 통치자에 대한 인민들의 소요와 반란은 궁극적으로 오직 하나의 기원만을 갖는다. 그것은 통치자에게 권한을 부여한 정치적 주체, 주인로서의 인민의 의견을 부정하는 권력자의 부당한 억압이다. 로크에 따르면, 통치자는 자신과 의견이 같은 집단이 행하는 의견 표명은 자유롭게 수행되도록 용인하면서 자신과 의견이 다르거나, 나아가 자신의 의견을 반대하는 집단의 의견 표명은 억압한다. 로크는 묻는다. 과연 당신은 어떤 나라에 살고 싶은가? 통치자와 의견이 같은 사람들만이 편히 살 수 있고 통치자와 의견이 다른 이들은 억압받는 나라와 통치자와 의견이 같은가의 여부와 상관없이 (자기 주장의 배타적 진리성과 옳음을 확신하면서, 타인의 자유를 억압하고 침해하는 이들을 제외하고는) 모든 사람이 자유롭게 자신이 옳다고 믿는 바를 말할 수 있는 나라 중에서.

　로크의 이러한 논증은 마치 오늘날 존 롤스(John Rawls, 1921-2002)의 '무지의 베일'(veil of ignorance)을 연상케 한다. 무지의 베일이란 '만약 내가 어떤 입장을 가지고 어떤 나라에 태어날지 모른다면, 당신은 어떤 나라를 선호하겠는가?'라는 사고실험이다. 당신이 태어날 나라에서 당신이 어떤 입장을 갖게 될지 알 수 없다면, 당신은 어떤 나라를 선호하겠는가? 쉽게 말해서, 예를 들면, 무인도에 당신을 포함한 세 사람이 있는데 피자가 하나 있다고 하자, 그리고 당신을 포함한 세 사람은 이 피자를 먹지 않으면 굶어 죽는다, 그리고 당신이 이 피자를 나눈다고 하자, 그리고 피자를 나누는 방식은 오직 당신이 마음먹기에 달려 있다고 하자, 곧 세 개의 박스 중 하나에 피자를 전부 넣을 수도 있고, 공평하게 세 조각으로 잘라 넣을 수도 있고, 두 개는 당첨, 하나는 꽝 같은 식으로 나눌 수도 있다, 그런데 문제는 무지의 베일이 존재한다는 사실이 있다, 곧, 비록 피자를 나눈 것은 당신이지만, 당신은 이후에 당신이 어떤 박스를 선택할지 모른다고 할 때, 당신은 피자를 어떻게 나누겠는가? 이와 같이 롤스의 '무지의 베일'이 드리워진 경우, 당신이라면 어떻게 하겠는가? 어떤 사람은 물론 굶어 죽기를 선택하고 하나의 박스에만 피자를 넣을 수도 있겠지만, 이는 분명 예외에 속하는 경우가 될 테고, 대부분, 적어도 상당수의 사람들은 박스 세 개에 피자를 삼등분하여 공평하게 나누게 될 것이다. 로크의 관용의 이론도 이와 동일한 논증을 구사하고 있다. 당신이 어떤 입장을 가지게 될지 모를 때 당신은 통치자와 같은 이들만이 살아남는 북한과 같은 나라 또는 독재자가 통치하는 시기의 어떤 나라와 (앞선 예외를 제외한다면) 모든 이들이 자신의 의견을 자유롭게 이야기할 수 있는 나라 중, 어떤 나라에 태어나기를 선택하겠는가?

이는 사실상 '물어볼 것도 없는' 강력한 논증이다. 통치자와 다른 의견을 가진 이들, 나아가 양심의 소리를 따라 부도덕한 통치자에 대한 용기 있는 비판을 행한 이들이 학교와 회사를 그만두고 감옥에 가고, 고문을 당하며 군대에 강제 징집을 당하고, 의문사가 빈번하며 온갖 불이익을 당하는 나라, 그리고 오히려 '과하다' 싶을 정도로까지 각자가 자유롭게 자신의 의견을 말할 수 있는 나라 중 당신은 어떤 나라를 선택하겠는가?[47] 이러한 두 나라 사이의 경쟁이란 사실은 이미 승패가 갈린 이후에 시작하는 게임과도 다름 없다. 긴 안목으로 보았을 때, 역사는 늘 관용을 선택한 나라의 승리와 번영을 증명하고 있다.

이러한 논의 후에, 로크는 다음과 같은 감동적인 말로 『관용에 관한 편지』의 마지막 결론을 내린다.

"마침내 결론을 내리자면, 우리는 다른 시민들에게 허락된 권리들을 [다른 종파들에게도 허락할 것을] 요청합니다. … 그리고 회합, 엄숙한 모임, 축일의 거행, 설교, 공적인 제사가 다른 사람들에게 허락된다

47 　　　이런 의미에서 우리는 민주주의의 시대에 가장 활발히 의견을 개진하는 이들, 가장 큰 이득을 보는 이들은, 아이러니하게도, 독재 시절에 독재를 지지하던 이들, 나아가 독재에 참여하던 자들이라는 역설을 기억해야 한다. 맥락을 모르는 사람이 보면, 타당한 주장을 펼치는 듯하나, 잘 살펴보면 뻔뻔스럽기 짝이 없는 적반하장의 태도라고밖에는 지칭할 수 없는, (그러나 실은 민주주의 정치체제 자체의 고유한, 거의 불가피한) 이런 문제에 대한 해결책은 오직 민주주의의 가치를 지키려는 시민들의 비판, 그리고 이들 사이의 연대밖에는 없다.

면, 이 모든 것들은 항명파에게도 반항명파에게도, 루터파에게도 재세례파에게도, 소치누스파에게도 동일한 권리로서 허락되어야 합니다. 더 나아가서, 만약 진실을 말하는 것이, 그리고 인간적으로 솔직히 말하는 것이 허락된다면, 이교도는 물론이고 이슬람교도나 유대교도 역시 종교적인 이유로 공화국으로부터 배제되어서는 안 됩니다. … 그리스도교 세계에서 생겨난 종교에 관한 대부분의 소송과 전쟁을 실제로 만들어 낸 것은 피할 수 없는 것이라 할 의견의 다양함에 대한 존중이 아니라, [얼마든지] 허용될 수 있는 나와 다른 의견을 가진 사람들에 대한 관용의 부정입니다."[48]

이것은 실로 과격한 주장이다. 헨리 8세(Henry VIII, 1491-1547)가 단행한 가톨릭으로부터의 잉글랜드 교회 독립(1534)으로부터 거의 100년이 흐른 후 태어난 존 로크(1632-1704)는, 단지 항명파와 반항명파만이 아니라, 루터파와 재세례파, 소치누스파에 대한 관용을 주장하는 것에 그치지 않고, 나아가 이교도는 물론이고 이슬람이나 유대교에 대한 관용까지도 주장하고 있다. 로크가 네덜란드의 암스테르담에서 『관용에 관한 편지』를 집필한 것으로 알려진 1685-1686년 사이의 겨울은 '최후의 종교전쟁'이라 일컬어지는 독일의 30년 전쟁

---

48   같은 책, 85-88쪽. 강조는 인용자.

(1618-1648)으로부터 약 40년이 채 되지 않은 시기이며, 개신교에 대한 신앙의 자유를 선포한 프랑스 앙리 4세(Henri IV, 1553-1610)의 낭트 칙령(1598년 4월)을 루이 14세(Louis XIV, 1638-1715)가 폐지함과 동시에 개신교에 대한 박해가 시작된 1685년 10월 직후의 시기이다. 학자들은 로크가 『관용에 관한 편지』를 작성한 직접적인 이유를 바로 이 낭트칙령의 폐지로 본다.

『관용에 관한 편지』는 기본적으로 당시 여전히 현실적으로 막강한 위세를 지니고 있었던 종교권력을 정치권력으로부터 제거하기 위한 기획의 일부로서 작성된 것이다. 이는 크게 보면, 1632년생인 '영국 경험론자' 로크보다 대략 30-40년 앞서 출생한 프랑스의 '대륙 합리론자' 데카르트(René Descartes, 1596-1650)가 자신의 철학 체계를 통해 이전까지 모두 성직자들에게 부여되어 있던 제반 학문 영역의 해석 권한(해석 권력)을 2개의 유한실체인 정신과 물체 및 1개의 무한실체인 신으로 나누어, 그 해석에 대한 권한을 정신은 철학자에게, 물체는 과학자에게, 신은 성직자에게 각각 배분한 것과 동일한 맥락 속에 놓인 일이다. 이는 오늘날의 우리에게는 일견 '당연한' 것처럼 보일 수도 있겠지만, 당시의 성직자 입장에서 보면 자신의 권력이 1/3로 축소되는 불유쾌한 경험임에 틀림없다. 로크의 경우에도 이는 마찬가지의 일이었고, 『관용에 관한 편지』에 대한 가장 즉각적인 반박, 가장 영향력 있고 유력한 반박이 옥스포드의 성직자 프로스트(Jonas

Proast, 1640경-1710)로부터 나온 일이 바로 이러한 사정을 반영한다.

$$\bigodot$$

방금 우리가 읽은 『관용에 관한 편지』의 결론은 다음과 같은 것이었다.

"그리스도교 세계에서 생겨난 종교에 관한 대부분의 소송과 전쟁을 실제로 만들어 낸 것은 피할 수 없는 것이라 할 의견의 다양함에 대한 존중이 아니라, [얼마든지] 허용될 수 있는 나와 다른 의견을 가진 사람들에 대한 관용의 부정입니다."**49**

이러한 문장을 통해 로크는 사람들이 부정하고 억압하는 주장의 상당수가 (주어진 체계의 입장에서 바라본다 해도) '불가피한 제한'이 아니라, 오히려 '얼마든지 허용될 수도 있었던, 나와는 다른 사람들의 의견에 대한' 불필요하고도 부당한 억압이었다고 말하고 있다. 이는 다시 한번 관용의 한계와 조건에 대한 논의로 우리를 이끈다. 갈릴레오 갈릴레이(Galileo Galilei, 1564-1642)의 지동설을 교회에 대한 위협

---

49   같은 책, 88쪽. 강조는 인용자.

으로 판단한 당시 로마 가톨릭의 성직자와는 달리, 오늘의 우리는 지동설이 가톨릭 교회를 절멸시키지 않았음을 잘 알고 있다. 어떤 것을 관용하고 어떤 것을 관용해서는 안 되는 것일까? 어디까지 관용을 행해야 하며, 어디서부터 관용을 행해서는 안 되는 것일까? 그러나 이런 질문의 구조는 그 자체로 처음부터 잘못된 것인지도 모른다. 이 질문은 '내가 왜 너를 관용해야 하는가?'를 물을 뿐, '네가 왜 나를 관용해야 하는가?'를 결코 묻지 않기 때문이다.

이처럼 질문의 방식, 관점, 자체가 이미 인간의 자기중심성을 반영·확대 재생산하고 있다. 이는 의미론적으로는 거의 동일한 문장이라 하더라도 담론 효과(discursive effect)의 측면에서는 전혀 다른 결과를 낳는다는 사실을 생각해 보면 쉽게 이해된다. 가령, '네가 나를 이해할 수 있을까?'와 '나는 너를 이해할 수 있을까?'라는 두 문장은 문장의 주어만 다를 뿐 의미론적으로는 동일한 문장이다. 그러나 어떤 두 사람이 각기 이러한 생각을 품고 10년을 살았다면, 이 두 사람은 완전히 다른 사람이 되었을 확률이 매우 높다. 네가 나를 이해할 수 있을까라는 물음을 묻는 사람은 타인이 나를 이해할 수 없음에 초점을 맞추어 타인을 그리 신뢰하지 않는 사람이 되었을 확률이 높다. 한편, 내가 너를 이해할 수 있을까라는 물음을 묻는 사람은 다른 사람의 말을 보다 경청하는 사람이 되었을 확률이 더 높다. 마찬가지로, 관용의 문제를 그리 진지하게 생각하지 않거나, 나아가 부정하는 사람은, 관용의 문제를 기본적으로 타인에 대한 나의 관용 여부라는 측면에서 바라보고 있을 확률이 매우 높다. 그리고 이 사람은 타인이 (자신과 생각이 다른) 나를 관용해야 하는가라는 문제는 묻지 않는다. 자신에게는 그것이 너무나도 '당연'하기 때문이다. 나에 대한 타인의 관용은 '당연시'하면서, 타인에 대한 나의 관용은 '문제시'하는 이 태도 자체가 무의식적으로 타인에 대한 자신의 우위를 아무런 타당한 근거도 없이 가정하는 것이다. 이는 그저 타인의 판단보다 자신의 판단을 더 신뢰하는 인간 일반의 검토된 적 없는, 잘못된 습관일 뿐이다. 이는 사실상 인간 인식의 ('불가피하다'고까지는 말할 수 없어도) '결코 피하기 쉽지 않은' 자기중심주의를 의미한다.

나아가, 로크의 이러한 논의는 당대의 관점만이 아니라 오늘날의 관점에도 보아도 우리가 왜 관용을 행해야 하는가?, 곧 우리가 관용을 행하지 않을 수 없는 이유, 관용의 불가피성에 관한 훌륭한 논증을 구성하고 있지만, 여전히 몇 가지 인식론적 문제를 불러일으킨다.

그중 가장 중요한 것은 (다른 입장들은 '주관적' 입장으로 간주하면서, 자신의 입장만은 다른 주장과는 층위를 달리하는 '보편적' 입장으로 간주하는) 로크의 인식론적 자기중심주의에 대한 비판이다. 사실, 로크의 입장은 자신의 입장과는 모순되게도 '자신의 입장은 옳다'라는 대전제에 입각해서 이루어지고 있다. 로크의 '자유주의'는 스스로를 선수가 아닌 심판이라고 주장하지만, 이는 사실이라기보다는 (로크가 비판하는 다른 모든 주장과 마찬가지로) 그저 또 하나의 주장일 수 있다. 단적으로, 우리는 로크의 입장을 잘 경청하고도 여전히 이렇게 물을 수 있을 것이다. 로크는 자신의 주장을 제외한 다른 입장은 상대주의적인 것으로, 자신의 입장은 이들과는 층위를 달리하는 보편적인 '메타적'(meta) 입장으로 간주하고 논의를 펼치고 있으나, 로크 입장의 이러한 보편적 옳음, 메타적 성격은 어떻게 보증되는가? 로크의 주장은 스스로가 믿듯이 심판이 아니라, 실은 (스스로를 심판이라고 믿어 의심치 않는) 또 하나의 '선수'는 아닐까? 로크 역시 자신이 비판하는 인식론적 자기중심주의를 벗어나지 못하고 있는 것이 아닐까?

4.
칸트: 나는 무엇을 알 수 있는가?

다음으로 우리가 다루게 될 인물은 서양 철학의 역사상 가장 중요한 인물 중 하나인 칸트(Immanuel Kant, 1724-1804)이다. 전공자가 아니라면 그의 책을 읽은 사람도, 정확히 이해한 사람도 매우 드물지만, 칸트는 가히 이후 서양 철학의 근본적 방향을 결정한 인물이라고 말하지 않을 수 없다. 칸트는 서구 근대 인식론 탐구의 정점이자 독일 관념론을 대표하는 저술이라 할 『순수이성비판』(*Kritik der reinen Vernunft*)의 1판[A판]을 1781년에, 2판[B판]을 1787년에 출간한다. 이 복잡하고도 난해한 저술의 전체를 개관하는 것은 나의 능력을 벗어나는 것으로, 이 글에서 가능한 일도 아니며, 이 글의 목적에도 속하지 않는다. 다만 이 자리에서는 '옳고 그름을 누가, 어떤 기준으로, 어떻게 결정하는가'라는 이 책의 관심에 맞추어, 관련 논의의 핵심을 매우 간략히 제시하는 것으로 만족하고자 한다.

우선, 우리의 논의와 관련하여 칸트가 갖는 중요성은 대략 다음의 두 가지 측면이다.

첫째, 칸트의 '내용은 잡다, 형식은 보편'이라는 공식은 내용이 아닌 형식 또는 틀에서 인식의 보편성을 찾을 수 있다는 주장이다. 칸트는 우리가 인식 형식 없이는 대상을 인식할 수 없다라는 주장을 펼침으로써, 이후의 철학사를 근본적인 방식으로 변형시켰다. 이 경우, 우리는 대상을 있는 그대로 인식할 수 없다, 달리 말하면 우리에게 인식된 대상은 이미 근본적으로 우리의 인식 형식에 의해 (특정 방식으로) 구성된 대상이다. 물론 이러한 칸트의 주장은 여전히 하나의 올바른 보편적 인식, 곧 진리가 존재한다는 주장에 머무르고 있다. 하지만, 니체 이후, 이러한 주장은 보편적인 것으로 가정된 이른바 그 '하나의 올바른 보편적 인식'이 과연 참으로 '올바른 보편적인' 인식, 곧 진리인지 우리가 어떻게 알 수 있는가? '누가, 어떤 기준으로, 어떻게 그것이 진리인가의 여부를 판정할 수 있는가?'라는 문제로 변형되면서, 결정적 전환을 맞게 된다.

둘째, 이러한 칸트의 초월철학 또는 비판철학은 인식된 현상 또는 대상보다는 인식하는 주체에 관심을 돌림으로써, 이후 인식 자체보다는 그러한 인식을 가능하게 했던 조건에 초점을 맞춘다.[50] 내가 대상에 대해 갖고 있는 인식은 대상 자체만큼이나, 아니 대상 자체보다, 대상을 인식하는 내 인식의 형식·틀, 인식 가능 조건(condition of possibility)을 더 잘 보여 준다.[51]

아래에서는 이러한 기본적 관심 아래 칸트 철학의 대강을 매우 간략히 살펴보자. 우선, 칸트는 『순수이성비판』의 마지막 부분에 속하

---

[50]　미셸 푸코는 1966년 『말과 사물: 인간과학의 고고학』에서 칸트의 의미를 현상이 아닌, 현상을 가능케 했던 조건에 초점을 맞춤으로써 엄밀한 인식론적 비판 없이 무한에 대해 함부로 발언하던 기존의 '고전주의' 철학을 유한에 기초한 새로운 인간학(유한성의 분석학)으로 대체함으로써 '근대'를 열었다고 주장한다. 미셸 푸코, 『말과 사물』, 이규현 옮김, 민음사, 2012.

[51]　인식 가능 조건으로서의 이 틀·형식은 훗날 다양한 방식으로 변주된다. 마르크스의 토대(하부구조), 프로이트의 무의식, 소쉬르의 랑그, 구조주의의 구조, 들뢰즈의 이미지의 평면, 푸코의 에피스테메, 그리고 문화인류학적 코드(작용) 등은 모두 이러한 칸트적 '조건'의 현대적 변형들로 간주될 수 있다.

는 '순수이성의 규준' 중 제2절 '순수이성의 최종 목적의 규정 근거로서 최고선의 이상에 대하여'에서 '나의 이성이 생각하는 모든 관심(즉 사변적 관심 및 실천적 관심)은 다음의 세 물음으로 통합된다'고 말한다.

1. 나는 무엇을 알 수 있는가?
2. 나는 무엇을 행해야만 하는가?
3. 나는 무엇을 희망해도 좋은가?[52]

이 책의 관심사이기도 한 '누가 어떻게 결정하는가'의 문제와 직접적으로 연관되는 칸트의 인식론은 물론 첫 번째 질문에 관련된다. '나는 무엇을 알 수 있는가?'라는 질문은 단적으로 인간 이성의 능력에 관련된 질문이다.[53] 칸트의 철학은 이렇게 인간 이성의 기능과 능력에 관련된 '비판적' 검토를 수행하는 철학, 곧 비판철학이다. 칸

---

52 임마누엘 칸트, 『순수이성비판 2』, 백종현 옮김, 아카넷, 2006, 933쪽; *KrV*, A805, B833. 칸트 인용의 관례에 따라, 한국어 번역본 쪽수에 더하여 표준판으로 인정되는 '칸트 원전' 제1판[A판], 제2판[B판]의 쪽수를 함께 적는다.

53 이러한 문제의식은 이 책을 관통하는 칸트의 핵심적 질문, 곧 "순수이성의 본래적 과제는 '선험적 종합판단은 어떻게 가능한가'라는 물음 안에 들어 있다"라는 표현에서도 잘 드러난다(임마누엘 칸트, 『순수이성비판 1』, 백종현 옮김, 아카넷, 2006, 229쪽; *KrV*, B19).

트는 자신의 비판철학을 통해 이제까지의 철학이 자신의 능력을 넘어서는 것, 곧 인간이 알 수 없으므로 판단을 내릴 수 없는 것에 대해 무분별하고 부당하게 판단을 내려 왔음을 지적하면서, 이성의 능력에 엄밀한 제한을 가하고자 한다. 칸트 연구자 백종현은 칸트의 인식론, 지식론을 다음처럼 정리한다.

"우리 인간의 이성이 우리 밖의 사물에 대한 지식을 얻을 수 있는 유일한 통로는 감각이다. 그러므로 우리는 감각 재료 없이는 아무런 내용 있는 (실질적) 인식도 얻을 수 없다. 그러나 감각 재료들 그 자체는 감각 기관들을 통해 수시로 수용되는 '잡다'한 것으로, 이것이 정리 정돈되어 하나의 주어[실체] 표상에 결합될 때, 우리에게는 '하나의' 사물이 인식된다. 감각에 주어지는 잡다한 재료들을 정리 정돈하고 서로 결합하는 데에는 일정한 틀[형식]이 기능하는데, 이 틀 자체는 감각 재료가 아니다. 칸트에 따르면, 이 틀은 우리 인식 능력이 스스로 마련해 가지고 있는, 즉 '선험적(a priori)'인 것이다. 그리고 이 틀에는 크게 보아 두 종류가 있는데, 그 하나가 '감성의 형식'인 시간과 공간이고, 다른 하나가 '지성의 형식'인 순수한 지성개념이다. 이 형식들의 작동 없이 감각 경험 재료만으로는 아무런 대상인식도 일어나지 않으므로, 모든 인식에는 이성의 선험적 작용이 필수적이고, 그리고 이 작용 규칙이 바로 인식된 사물들 간의 관계 법칙이라는 점에서 라이프니츠의 견해는 부분적으로 타당하다."[54]

칸트의 논점은 (인간에게 처음부터 주어진 것, '선험적인' 것으로 가정된) 어떤 일정한 틀, 형식이 없이는 인식이 발생하지 않는다는 것이다. 백종현은 이를 다음처럼 정리한다.

"칸트에 의하면 우리 의식[주관]은 감각이라는 통로를 통해 주어지는 재료들을 자신이 산출해낸, 따라서 선험적인, 질서 표상에 따라 규정함으로써 무엇인가를 인식한다. 그리고 무엇인가가 인식됨으로써 그것은 우리에게 하나의 대상으로서 존재한다. 그리고 무엇인가가 인식됨으로써 그것은 우리에게 하나의 대상으로서 존재한다. 그러니까 의식의 선험적인 '순수한 원리'(ratio pura)들은 인식을 가능하게 하는 근거이자 인식된 사물, 즉 우리에 대해 존재하는 것을 존재 가능하게 하는 원리이기도 하다. 이런 의식의 기능을 칸트는 '초월적'(transzendental)이라 칭하고, 그래서 그의 이론 철학은 '초월 철학'(Transzendental-philosophie)이라는 이름을 얻는다."[55]

---

54   백종현, 『한국 칸트철학 소사전』, 아카넷, 2015, 49-50쪽. 인용자 강조.
55   같은 책, 52쪽. 인용자 강조.

인간의 인식은 우리 인간에게 선험적으로 내재된 어떤 특정한 초월적 틀, 형식에 의해서만 가능하게 된다. 이는 그 대상에 대한 인식을 가능하게 만든다는 의미에서도 그러하고, 그 대상을 존재하게 만든다는 의미에서도 역시 그러하다.

"경험 일반을 가능하게 하는 조건들은 동시에 그 경험의 대상들을 가능하게 하는 조건들이[다.]"[56]

이는,

"진리[진짜] 또는 가상[가짜]은, 그것이 직관되는 한에서, 대상 안에 있는 것이 아니라, 오히려 그것이 사고되는 한에서 대상에 대한 [인식 주관의] 판단 안에 있기 때문이다."[57]

간단히 말해, 초월적 틀은 대상의 인식/존재 가능 조건(condition of

---

56   임마누엘 칸트, 『순수이성비판 1』, 백종현 옮김, 393쪽; *KrV*, A158, B197.

57   임마누엘 칸트, 『순수이성비판 2』, 백종현 옮김, 523쪽; *KrV*, A293, B350.
인용자 강조. 백종현은 이를 오직 "인식함으로써 우리는 비로소 인식된 대상을 갖는다. 인식함으로써 알려져 있지 않던 무엇인가가 우리에게 대상이 되는 것"이라고 말한다. 백종현, 『칸트 이성철학 9서 5제: '참' 가치의 원리로서 이성』, 아카넷, 2012, 39쪽.

possibility of recognition/existence)이다. 칸트는 이를, 자신만만한 어조로, 자신이 이룩한 철학의 코페르니쿠스적 전환이라고 불렀다.**58** 이제 대상에 대한 인식과 대상의 존재를 가능하게 하는 이 인식주관의 '초월적' 틀이 그것에 의해 존재-인식 가능해진 대상보다 더 중요하다. 단적으로, 인식되는 대상보다, 인식하는 주관이 더 중요하다. 인식주관이 없으면, 대상은 처음부터 아예 인식될 수도 없으며, 따라서 사실상 존재할 수도 없다.**59** 인식주관이 선험적으로 갖고 태어나는 초월적 인식은 '대상 인식을 가능하게 하는 하나의 정초적 인식, 곧 표상이나 개념 또는 원리'를 말한다. 칸트는 1783년에 발표한 『형이상학 서설』(*Prolegomena*)에 붙인 각주를 통해 '초월적'이라는 용어를 다음처럼 설명한다.

> "낱말 '초월적'은 … 모든 경험을 넘어가는 어떤 것을 의미하는 것이 아니라, 모든 경험에 선행하면서도(즉 선험적이면서도), 오직 경험 인식을 가능하도록 하는 데에만 쓰이도록 정해져 있는 어떤 것을 말한다."**60**

---

58 백종현, 『한국 칸트철학 소사전』, 53쪽.

59 여기서 잊지 말아야 할 것은 "칸트에서는 기본적으로 '나=우리=마음'의 등식이 성립하여 마음이 보편적 주체/주관을 지칭한다는 점이다. (그래서 칸트는 보편적 주관주의자라 일컬을 수 있다.)" 같은 책, 40쪽, 인용자 강조.

칸트가 사용하는 의미의 초월적이라는 용어는 "① '모든 경험에 앞서는', 즉 '비(감각)경험적'이고 '선험적'이면서, 동시에 ② 한낱 '경험을 넘어'가 버리는 것[초경험적]이 아니라, 오히려 '경험인식을 가능하게 하는'(Erfahrungserkenntnis möglich machend), 요컨대(①+②), '선험적으로 경험인식을 규정하는'(Erfahrungserkenntnis apriorisch bestimmend)을 뜻한다."[61] 따라서, 초월적인 것은 (어떤 대상이나 주관 자체가 아니라) '경험 일반을 가능하게 하는 조건들'인 동시에 '그 경험의 대상을 가능하게 하는 조건들'이다. 초월적인 것은 조건들 자체이다. 칸트의 초월철학은 따라서 '경험인식의 가능원리인 의식의 초월성을 바꾸는 철학', 또는 '경험인식을 가능하게 하는 주관의 초월적 조건을 해명하는 철학'이다.[62]

한편, 칸트에게 초월적인 것은 기본적으로 규정(Bestimmung), 곧 형식/틀(Form)을 의미한다. 그리고, 칸트는 이전과 달리 "이 형식을 모든 인간 의식에서 선험적인 것, 즉 순수 주관적인 것으로 파악하고, 우리에게 존재자는 모두 현상으로서, 이 현상은 무엇이든 어떻게 있든 순수 주관적인 형식, 곧 공간·시간이라는 직관 형식과 지성이라

60   백종현, 『칸트 이성철학 9서 5제: '참' 가치의 원리로서 이성』, 61쪽에서 재인용.

61   같은 책, 61-62쪽.

62   같은 책, 69쪽.

는 사고 형식에서 규정된다"**63**고 바라본다.

칸트 이전까지, 서양 철학은 이른바 '초월적인 것'을 신의 영역으로 간주했다. 그러나 칸트는 대상의 인식과 존재를 가능하게 만드는 인간 인식주관의 선험적 틀을 초월적인 것으로 바라본다. '알 수 없는' 무한한 신의 초월성이 이제 (주어진 한계 안에서 엄밀한 검증을 거쳐 작용하여, 결국) '알 수 있는' 유한한 인간 이성의 속성이 되는 것이다. 칸트 이후로, 인간은 현상, 곧 자신의 인식 대상을 (결코 '있는 그대로' 파악할 수 없으며) 오직 자신이 그 대상을 바라보는 일정한 틀을 통해서만 인식할 수 있다. 이제 (인식되는 대상보다) 인식하는 주관이 더 중요하며, 따라서 철학의 과제 역시 ―이제까지 '당연한 것'으로 가정되어 검토된 적이 없었던― 인간의 인식주관, 보다 정확히는 인식작용의 기능과 구조, 한계를 밝히는 일이 된다. 이는 (현상보다는) 오히려 우리 인간에게 현상의 인식을 가능한 것으로 만들어 주는 인식 가능 조건을 더 중요시하는 입장이다.**64** 단적으로, 현상이 아니라, 현상을 가능케 한 가능 조건들을 살펴야 한다.

이제, 칸트 부분을 마치면서, 아래에서는 다소 복잡한 이제까지의 논의를 우리의 문제의식과 관련하여 정리해 보자.

63　　　같은 책, 77쪽. 인용자 강조.

64　　　이러한 입장은 철학에서 전통적으로 관념론(idealism), 나아가 구성주의(constructivism)라 불리는 입장에 속한다.

첫째, 칸트에 따르면, 이제, 인식은 (대상을 있는 그대로 '반영한' 것이라기보다는) 오히려 인식주관에 의해 구성된 것이다.[65] 칸트에 따르면, 나는 '선험적으로 주어진'[66] 초월적 인식의 틀 없이는 어떤 대상도 인식할 수 없다. 내가 하나의 대상을 '인식했다'는 사실은 이미 내가 그 대상을 일정한 방식으로 인식·존재하도록 '포섭했다'는 사실을 알려 준다. 나는 이러한 틀 없이는 세상을 바라볼 수 없다.[67] 나는 있는 그대로의 세상을 인식할 수 없다.

둘째, 그 필연적인 결과로서, 내가 바라보는 세상은 이미 내가 세상을 바라보는 인식의 틀에 의해 근본적으로 규정된 것, 조건 지어진 것이다. 달리 말해, 내가 바라보는 세상은 이미 나의 인식을 조건 지은 (내가 알거나 모르는) 틀에 의해 근본적으로 규정된 것이다.[68]

---

65 내가 바라보는 세상은 (세상보다는) 차라리 세상을 바라보는 '나'를 더 잘 보여 준다.

66 가령 푸코는 이 '선험적으로 주어진'이라는 용어를 '특정 사회와 역사에서 그 구성원들에게 주어진 선험성, 곧 그렇게 조건화된 선험성', 다시 말해, 역사적 선험성(a priori historique)으로 바라본다. 따라서 푸코는 이른바 (칸트적) 선험성의 선험성을 부정한다.

67 칸트는 이 틀을 초월적인 것, 곧 선험적·형식적 보편성을 담지하고 있는 것으로 가정했다. 따라서 칸트에게는 여전히 '보편적' 인식이 가능하다. 칸트적 인식은 '내용은 잡다(雜多)'이나, 형식은 보편(普遍)'이다. 이런 의미에서 칸트는 여전히 '인간이 세계를 편견 없이 바라볼 수 있다'고 믿는다. 이 '보편적·형식적 틀'이라는 관념이 파괴되는 것을 보기 위해서 우리는 니체를 기다려야 한다. 니체에 의해 보편적 인식은 '힘에의 의지가 작동하는 동인이자 결과, 그 메커니즘'으로서 나타난다.

5.

존 스튜어트 밀: 내가 '내 삶'을 결정할 자유

1859년 출간된 영국의 철학자 존 스튜어트 밀(John Stuart Mill, 1806-1873)의 『자유론』(On Liberty)은 자유주의 사상의 발전에 막대한 영향을 미친 책이다. 후일 '자유주의의 시조'로 평가되는 같은 영국의 사상가 존 로크의 『관용에 관한 편지』의 계보를 잇는 이 책은 제목 그대로 '자유', 특히 개인의 자유에 대한 사회의 정당한 개입의 근거에 관한 논의를 포함한다.[69] 이러한 문제의식은 책의 맨 앞에 등장하는 다음의 문장에서도 잘 드러난다.

"이 책은 … 시민의 자유 또는 사회적 자유의 문제를 중심 주제로

---

[68]   오늘, 우리는 이를 차라리 우리의 조건화 체계라고 불러야 할 것이다. 이제, 내가 탐구해야 할 것은 (드러난 현상이 아니라) 현상을 가능하게 만든 조건화 체계이다. 마찬가지로, 어떤 하나의 현상을 바꾸고 싶다면, 그 현상 자체보다는, (그 현상을 가능케 하고 나아가 필요로 하는) 현상의 조건을 바꾸어야 한다.

[69]   '자유'란 自由, 스스로 自, 말미암아 由, 곧 누군가가 행동의 근거가 자신에게 있다. 달리 말해 '남에게 달려 있지(他由) 않다'라는 의미의 번역이다. 이는 원어인 라틴어의 libertas가 '외적 구속의 부재'를 의미하는 liber[free]에서 온 것임을 생각해 보면 무난한 의역이다.

삼고 있다. 다시 말해 나는 이 책에서 사회가 개인을 상대로 정당하게 행사할 수 있는 권력의 성질과 그 한계를 살펴보고자 한다."[70]

이처럼 밀은 자신의 기본적 주장을 책의 앞부분에서 일목요연하게 밝히고 있는데, 밀에 따르면, 이는 '자유에 관한 아주 간단명료한 단 하나의 원리'로 요약된다.

"나는 이 책에서 자유에 관한 아주 간단명료한 단 하나의 원리를 천명하고자 한다. 이를 통해 사회가 개인에 대해 강제나 통제—법에 따른 물리적 제재 또는 여론의 힘을 통한 도덕적 강권—를 가할 수 있는 경우를 최대한 엄격하게 규정하는 것이 이 책의 목적이다. 그 원리는 다음과 같다. 인간 사회에서 누구든 —개인이든 집단이든— 다른 사람의 행동의 자유를 침해할 수 있는 경우는 오직 한 가지, 자기 보호를 위해 필요할 때뿐이다. 다른 사람에게 해(harm)를 끼치는 것을 막기 위한 목적이라면, 당사자의 의지에 반해 권력이 사용되는 것도 정당하다고 할 수 있다. 이 유일한 경우를 제외하고는, 문명사회에서 구성원의 자유를 침해하는 그 어떤 권력의 행사도 정당화할

---

70 존 스튜어트 밀, 『자유론』, 서병훈 옮김, 책세상, 2010(개정판), 21쪽. 인용자 강조.

수 없다. 자신[당사자]의 물질적 또는 도덕적 이익(good)을 위한다는
명목 아래 간섭하는 것도 일절 허용되지 않는다. 당사자에게 더 좋은
결과를 가져다주거나 더 행복하게 만든다고, 또는 다른 사람이 볼 때
그렇게 하는 것이 현명하거나 옳은 일이라는 이유에서, 그 자신의 의
사와 관계없이 무슨 일을 시키거나 금지해서는 안 된다. 이런 선한
목적에서라면 그 사람에게 충고하고, 논리적으로 따지며, 설득하면
된다. 그것도 아니면 간청할 수도 있다. 그러나 말을 듣지 않는다고
강제하거나 위협을 가해서는 안 된다. 그런 행동을 억지로라도 막지
않으면 다른 사람에게 나쁜 일을 하고 말 것이라는 분명한 근거가 없
는 한, 결코 개인의 자유를 침해해서는 안 되는 것이다. 다른 사람에
게 영향(concern)을 주는 행위에 한해서만 사회가 간섭할 수 있다. 이
에 반해 당사자에게만 영향을 끼치는 행위에 대해서는 개인이 당연
히 절대적인 자유를 누려야 한다. 자기 자신, 즉 자신의 몸이나 정신
에 대해서는 각자가 주권자인 것이다."**71**

71　　　같은 책, 35-36쪽. 그러나 오늘 우리의 관점에서 보면 매우 아쉽게도, 이
어지는 바로 다음 단락에서 밀은 우리의 기대를 배신하고 다음과 같은 황당하고도 터
무니없는 주장을 편다. "이 원리가 정신적으로 성숙한 사람에게만 적용될 수 있다는 사
실을 굳이 부연할 필요는 없을 것이다. 지금 우리가 법에서 성인으로 규정한 나이에 미
치지 못하는 어린아이나 젊은이들을 대상으로 이야기하고 있는 것은 아니다. 아직 다
른 사람의 보호를 받아야 할 처지에 있는 사람들은 외부의 위험 못지않게 자신의 행동
에 따른 결과로부터도 보호받아야 마땅하다. 같은 이유에서 미개 사회(backward states of
society)에 사는 사람들도 이 대상에서 제외하는 것이 좋다. 왜냐하면 그런 사회에 사는

이것이 밀의 그 유명한 상해(傷害)의 원칙(harm principle)이다. 상해
의 원칙은 '사회가 한 개인의 자유에 간섭하는 것이 정당화되는 유
일한 경우는 그 사람의 어떤 행동이 타인에게 직접적인 상해를 끼칠
것이 확실하다는 명백한 근거가 있는 경우에만 한정되어야 한다'는
원칙이다. 이것은 법률, 여론, 주관적 평가 등의 형태로 개인의 선택
에 대한 사회의 간섭이 만연하던 이전의 사고를 혁신한 밀의 위대한

사람들은 아직 미성년자(nonage)인 것으로 보아도 무방하기 때문이다. 역사의 초기 상태
에서는 독자적인 발전을 가로막는 장애가 너무 커 그것을 극복할 방도를 찾는 것이 거
의 불가능하다. 그래서 나라를 발전시키겠다는 의욕으로 충만한 지도자가 달리 방법이
없을 때 그 어떤 편법을 쓰더라도 탓할 수가 없는 것이다. 미개인들(barbarians)을 개명시
킬 목적에서 그 목적을 실제 달성하는 데 적합한 수단을 쓴다면, 이런 사회에서는 독재
(despotism)가 정당한 통치 기술이 될 수도 있다. 우리가 여기에서 검토하고 있는 자유의
원리는 인류가 자유롭고 평등한 토론을 통해 진보를 이룩할 수 있는 시대에나 성립되
지, 그런 때에 이르지 못한 상태에서는 생각할 수 없는 것이다"(같은 책, 37-38쪽). '어린이
를 미성숙한 열등한 존재로, 비서구를 인류의 어린아이로 간주하는' 밀의 주장은 오늘
날 (자신의 부당하고 부도덕한 식민통치를 정당화하려는 목적에서 이루어진) 전형적 제국주의
적 논증이라 불리는 것이다. 밀은 이와 같이 '우리의 눈을 의심하게 하는' 주장을 폄으로
써 ─어린아이를 충만한 자율적 주체가 아닌, 오직 교육의 대상, 곧 '스스로 설 수 없는'
결여된 존재, 사실상의 열등한 존재로만 규정하는 루소(Jean-Jacques Rousseau, 1712-1778)
의 『에밀 또는 교육에 대하여』(Émile ou De l'éducation, 1762)를 잇는─ 성인중심주의자, 나아
가, 19세기 백인 유럽중심주의자, 제국주의자, 오리엔탈리스트로서 자신의 한계를 역력
히 드러낸다. 이는 밀과 그의 아버지 제임스 밀(James Mill, 1773-1836)이 모두 영국 동인
도회사(United Company of Merchants of England Trading to the East Indies, 1708-1873)에서 오랫
동안 근무한 관료들이었다는 사실만으로도 이미 충분히 설명 가능하다. 밀 가문의 이러
한 한계는 비판받아 마땅하지만, 이 자리는 이와 같은 비판을 위해 마련된 자리가 아니
므로 이를 간단히 지적해 두는 데 그친다.

'자유주의적' 원칙임에 틀림없다. 물론, 첫인상과 달리, 이를 보다 자세히 살펴보면, 명백하고도 분명한 근거란 무엇이며, 다른 사람에게 해를 끼친다는 것은 어떤 의미이고, 이 모든 것을 누가, 어떤 기준으로, 어떻게 그 기준을 정할 수 있는지의 문제가 즉시 부각되기는 하지만 말이다. 그러나 이러한 난점이 존재한다고 해서 밀이 확립한 자유주의적 원칙의 의미가 근본적으로 훼손되지는 않는다. 어떤 인간도 모든 사람이 '영원히' 동의할 수 있는 '완전한' 원칙을 만들어 낼 수는 없으며, 밀의 원칙을 비판하는 사람 역시 그 스스로는 어떤 기준으로 이를 비판하고 있는지의 문제가 여전히, 그리고 어떤 경우에도 해결되지 않은 채 존재할 수밖에 없기 때문이다. 결국 밀이나, 밀의 비판자와 마찬가지로, 우리 모두는 불완전한 인간들이고, 어떤 인간도 이의 예외가 될 수 없다. 따라서 우리는 이 논쟁에 모두 대등한 자격으로 참여할 수 있고, 자신의 주장과 입장에 상응하는 책임과 권한을 가질 수 있을 뿐이다. 밀은 이 책 전반에 걸쳐 이 원칙을 다양한 관점과 각도에서 되풀이하여 설명한다.

"자유 가운데서도 가장 소중하고 또 유일하게 자유라는 이름으로 불릴 수 있는 것은, 다른 사람의 자유를 박탈하거나 자유를 얻기 위한 노력을 방해하지 않는 한, 각자 자신이 원하는 대로 자신의 삶을 꾸려 나가는 자유이다. 우리의 육체나 정신, 영혼의 건강을 보위하는 최고의 적임자는 누구인가? 그것은 바로 각 개인 자신이다. 우리는 자신에게 도움이 된다고 생각되는 방향으로 자기 식대로 인생을 살아가다 일이 잘못돼 고통을 당할 수도 있다. 그러나 설령 그런 결과를 맞이하더라도 자신이 선택한 길을 가게 되면 다른 사람이 좋다고 생각하는 길로 억지로 끌려가는 것보다 궁극적으로는 더 많은 것을 얻게 된다. 인간은 바로 그런 존재이다."[72]

왜 그런가? 특별한 몇몇 예외가 아니라면, 왜 그럴 수밖에 없는가? 이에 대해 밀이 제시하는 근거는 다음과 같다.

"어느 누구도 나이가 충분히 든 사람에게 스스로 자기 인생을 위해 선택한 일을 하지 말라고 할 자격은 없다. 누구보다도 자신이 자기를 가장 아끼는 법이다. 아주 긴밀한 인간관계가 아니라면, 타인에게 기울이는 관심이라는 것은 당사자가 자기에게 쏟는 관심에 비하면 보잘 것 없다. 그리고 사회가 그 사람 개인에게 두는 관심이라는 것은 (그 사람이 타인에게 하는 행동에 대한 관심을 제외하면) 그야말로 지엽적이고, 한마디로 말하면 간접적인 것이다. 이에 반해 아무리 평범한 남자나 여자라 해도 자기 자신의 감정과 환경에 관한 한, 그 누구보

---

72   같은 책, 41-42쪽. 강조는 인용자.

다도 자신이 더 잘 알고 있다. 따라서 당사자에게만 관계되는 문제에 대해 본인 스스로 내린 결정과 마음먹은 목표를 사회가 끼어들어 번복하는 것은 그릇된 가정 위에서나 가능한 일이다. 설령 그것이 잘못된 가정에서 출발한 것이 아니라 해도, 문제가 되는 개별 상황에 대해 그저 국외자 처지에서 구경꾼 정도의 지식밖에 없는 사람이 간섭을 하게 되니 일이 잘 될 수가 없다. 그러므로 이런 일에 대해서는 개별성이 크게 작용할 수 있어야 한다. 다른 사람과 관계되는 행동이라면 대부분의 경우 일반 규칙을 준수하는 것이 필요하다. 그래야 사람들이 무엇을 기대하는지 알 수 있을 것이기 때문이다. 그러나 각 개인 고유의 문제라면 그 사람의 개별적 자발성에 전적으로 맡겨야 한다. 다른 사람은 그저 당사자의 판단을 돕기 위한 고려를 하거나 의지를 강화하기 위한 경고 정도만 하는 데 그쳐야 한다. 또 경우에 따라서는 강요도 할 수 있을 것이다. 그러나 어떤 상황에서든 본인이 **최종결정권을 가져야 한다.**"[73]

밀의 논증은 '이 세상의 어떤 누구도 당사자만큼 자신의 상황에 관심을 갖고 있지 않으며, 따라서 그 상황을 전체적으로 알지 못한다'라는 단순한, 그러나 부정하기 어려운 사실 위에 기반해 있다. 이

---

73   같은 책, 164-165쪽. 강조는 인용자.

에 기초하여 밀은 '인간 자유의 세 가지 기본 영역'을 다음처럼 구분한다.

"첫째, 내면적 의식의 영역이 있다. 이것은 우리가 실제적이거나 사변적인 것, 과학·도덕·신학 등 모든 주제에 대해 가장 넓은 의미에서의 양심의 자유, 생각과 감정의 자유, 그리고 절대적인 의견과 주장의 자유를 누려야 한다는 말이다. …

둘째, 사람들은 자신의 기호를 즐기고 자기가 희망하는 것을 추구할 자유를 지녀야 한다. 각각의 개성에 맞게 자기 삶을 설계하고 자기 좋은 대로 살아갈 자유를 누려야 한다. 이러한 일이 남에게 해를 주지 않는 한, 설령 다른 사람의 눈에 어리석거나 잘못되거나 또는 틀린 것으로 보일지라도 그런 이유를 내세워 간섭해서는 안 된다.

셋째, 이러한 개인의 자유에서 이와 똑같은 원리의 적용을 받는 결사(結社)의 자유가 도출된다. 다시 말해 타인에게 해가 되지 않는 한, 그리고 강제나 속임수에 의해 억지로 끌려온 경우가 아니라면, 모든 성인이 어떤 목적의 모임이든 자유롭게 결성할 수 있어야 하는 것이다.

어떤 정부 형태를 두고 있는 이 세 가지 자유가 원칙적으로 존중되지 않는 사회라면 결코 자유로운 사회라고 할 수 없다. 이런 자유를 절대적으로, 무조건적으로 누릴 수 있어야 완벽하게 자유로운 사회라고 할 수 있는 것이다."[74]

독자는 이러한 주장에 반론을 펼치는 사람은 거의 없으리라고 생각할 수도 있으리라. 그러나 실은, 밀의 시대와 오늘 우리 시대를 막론하고, 이러한 주장에 반론을 펼치는 사람들은 생각보다 훨씬 많다. 내가 생각하기에, 그들의 주장은 모두 '진리'에 기초하고 있다. 이들의 논증은 다음과 같은 구조를 가지고 있다. '진리는 하나이고, 이것이 옳다(는 것이 —그들의 주장에 따르면— 증명되었다). 이는 일부 사이비 겸손을 말하는 이들의 위선적인 이중적 태도와는 정반대로, 이것이, 그리고 오직 이것만이 옳은 것임을 의미한다. 따라서, 이 경우, 다른 것은 틀린 것이다.' 나는 이러한 논증이 매우 정직한 논증이라고 생각한다. 이것이 옳고, 오직 이것만이 옳을 때(if and only if), 다른 것은 틀릴 수밖에 없다. 그리고, 역시 나의 생각으로, 진리는 민주주의의 적이다.[75] 이들은 모든 진리가 주어진 특정 관심, 특정 관점, 특정 이론 아래에서의 진리라는 사실을 망각하고, 주어진 특정 진리를 시공을 초월한 절대 진리로 간주하는 오류를 범한다.

---

74   같은 책, 40-41쪽. 강조는 인용자.

75   이 부분은 나의 앞선 책 『그맞지틀』에서도 보다 상세히 언급되어 있으므로, 이 자리에서는 간단히 언급하고자 한다(특히 11장 '이해, 타인의 목소리를 듣는다는 것' 부분을 보라).

더구나 이러한 논증은 진리의 개수가 1개라는 (검토되지 않은) 가정에 기초하고 있으므로, 이들의 논의는 주어진 전제를 일단 받아들인 이들에게는, 무조건적으로 옳은 것으로 인식된다. 따라서, 이들에게 다른 것은 틀린 것이다.[76] 논리적으로, 다른 경우의 수란 존재할 수 없다. 이러한 (검토되지 않은) 전제가 **관습**과 **여론**의 형태로 사회 일반을 지배하고 있을 때, 그 사회는 개인의 자유를 용납하지 **않는**다는 것이 밀의 관찰이다. 이어지는 단락에서 밀은 이를 **다수의 횡포**(tyranny of the majority)라는 이름 아래 비판한다.

"이처럼 사회가 그릇된 목표를 위해 또는 관여해서는 안 될 일을 위해 권력을 휘두를 때, 그 횡포는 다른 어떤 형태의 정치적 탄압보다 훨씬 더 가공할 만한 것이 된다. 정치적 탄압을 가하는 사람들과는 달리 웬만해서는 극형을 내리지 않는 대신, 개인의 사사로운 삶 구석구석에 침투해, 마침내 그 영혼까지 통제하면서 도저히 빠져나갈 틈을 주지 않기 때문이다. 그러므로 정치권력자들의 횡포를 방지하는 것만으로는 충분하지 않다. 그뿐만 아니라 사회에서 널리 통용되는 의견이나 감정이 부리는 횡포, 그리고 통설과 생각이나 습관이

76　이들, 또는 이러한 사회는 아마도 '다르다'라고 말해야 할 때 '틀리다'라고 말하는 무의식적 언어 습관을 가지고 있을 확률이 높다. 이는 사실상 매우 논리적인데, 이들의 세계에서 다른 것은 오직 틀린 것일 수만 있을 뿐이기 때문이다.

다른 사람들에게 사회가 법률적 제재 이외의 방법으로 윽박지르며 그 통설을 행동 지침으로 받아들이도록 강요하는 경향에도 대비해야 한다. 사회는 이런 방법을 통해 다수의 삶의 방식과 일치하지 않는 그 어떤 개별성(individuality)도 발전하지 못하도록 방해한다. 그리고 할 수만 있다면 아예 그 싹조차 트지 못하게 막으면서, 급기야는 모든 사람의 성격이나 개성을 **사회의 표준**에 맞도록 획일화하려고 한다. 그러나 분명히 강조하지만, 집단의 생각이나 의사가 일정한 한계를 넘어 개인의 독립성에 함부로 관여하거나 간섭해서는 안 된다. 그런 한계를 명확히 하여 부당한 침해가 일어나지 않게 하는 것은 인간다운 삶을 유지하는 데서 정치적 독재를 방지하는 것 못지않게 긴요하다."[77]

한편, 다수의 횡포, 또는 다수결의 폭력에 대한 밀의 비판도 물론 중요하지만, 이 책의 목적에 비추어 보아, 우리에게 보다 중요한 것은 다수결의 횡포가 스스로를 옳은 것으로 근거 짓는 방식 자체, 곧 **다수가 스스로의 판단이 (절대적으로) 옳다고 믿게 되는 근거 자체**에 대한 밀의 비판적 검토이다. 다수는 어떻게 해서 자신의 판단이 옳은 것이라고 믿어 의심치 않게 되는가? 어떤 이가 주어진 특정 사회

---

77 존 스튜어트 밀, 『자유론』, 서병훈 옮김, 27-28쪽. 강조는 인용자.

의 일반적, 곧 지배적 입장을 자신의 것으로 받아들일 뿐만 아니라, 보편적인 것, 곧 그 사회의 모든 구성원, 나아가 모든 인간이 예외 없이 받아들여야 하는 것이라고 생각하고 있을 때, 이 사람은 자신의 생각을 어떻게 정당화하는가? 우선, 밀은 이에 대해 다음과 같은 사실을 지적한다.

"개인의 독립성과 사회의 통제 사이에서 적절한 접점을 어떻게 찾을 것인지 구체적으로 따져보면 해결해야 할 문제가 한둘이 아니다. … 어떤 것이 이런 규칙이 되어야 마땅한지는 우리 인간의 삶에서 가장 중요하게 탐구되어야 할 문제이다. 그러나 아주 명백한 몇몇 경우를 제외하면 이 문제의 정답을 찾기란 거의 불가능하다. 게다가 시대에 따라서 답이 항상 다르다. 서로 다른 두 사회가 같은 답을 낸 적이 거의 없다. 한 시대나 사회가 내린 결정이 때로 다른 시대나 다른 사회의 사람에게는 놀라워 보이기도 한다. 그러나 그런 결정을 내린 특정 시대, 특정 국가의 사람들은 다른 사람들도 오래전부터 늘 자신들과 똑같은 생각을 해왔다고 믿으며 이에 대해 추호도 의심하지 않는다. 그들은 자신이 확립한 규칙이 자명하며 누가 봐도 옳다고 여긴다. 거의 모든 사람들이 빠지기 쉬운 이런 착각은 관습이 빚어내는 가공할 만한 부작용 가운데 하나라고 할 수 있다."[78]

밀이 사회를 구성하는 평균적인 한 인간이 일반적으로 가지고 있는 판단의 근거로 들고 있는 첫 번째는 (그 사회에서는 늘 옳은 것으로 가정되고 있는) 관습과 여론이다. 개인은 (자신이 그 안에서 태어나고 자란, 달리 말해, 자신이 조건화된) 사회의 관습과 여론을 따라 판단한다. 그리고 사회의 관습은 자신이 '옳음'에 대해 일말의 의심도 하지 않는다. 물론, 이는 조금만 생각해 보면 사실이 아님을 쉽게 알 수 있는 명제이다. 그러나 모든 시대, 모든 사회의 거의 모든 사람들은 자기 사회의 관습과 여론만은 예외라고 생각한다. 그러나, 어떤 누구도 완벽한 인간이 아니다.

"권력을 동원해서 억누르려는 의견이 사실은 옳은 것일 수 있다. 그 의견을 짓밟으려는 사람은 물론 그것을 부인할 것이다. 그러나 그들이 결코 잘못을 범하지 않을 만큼 완벽한 사람들은 아니다. 그들이 다른 모든 사람들을 대신해서 그 문제에 대해 결정하고 다른 이들이

78　　　　같은 책, 27-28쪽. 1859년에 발간된 이 책, 『자유론』의 '다수의 횡포' 비판 부분은 38년이 지나 1887년에 발간될 니체의 『도덕의 계보』, 116년이 지나 1975년 발간될 푸코의 『감시와 처벌』을 미리 읽는 듯한 착각을 불러일으킨다. 그만큼 존 스튜어트 밀은 위대한 철학자임에 틀림없다. 나는 이러한 독해를 통해 우리가 에드워드 사이드가 말하는 (가령, 발자크의 문학과 오리엔탈리즘 사이의 분리 불가능성을 모두 읽어 내는) 대위법(對位法)적 독해(contrapuntal reading)를 실천해야 한다고 믿는다. 밀의 철학과 제국주의, 오리엔탈리즘은 내재적으로 곧 분리 불가능한 방식으로 얽혀 있다.

판단할 기회를 빼앗아 버려도 좋을 만큼 절대적인 권한을 쥐고 있는 것은 아니다. 만일 그들이 특정 의견이 잘못되었다는 확신 아래 다른 사람들이 들어볼 기회조차 봉쇄해버린다면, 그것은 자신들의 생각이 절대적으로 옳다고 가정하는 것이나 마찬가지이다. 스스로 완전하다(infallibility)고 전제하지 않는 한 일체의 토론을 차단해 버릴 수는 없다. 사람들이 흔히 이런 착각에 빠지는 탓에 자기와 다른 생각을 용납하지 못하는 것이다."[79]

어떤 누구도 완벽한 인간, 곧 신이 아니다. 인간 중에는 신이 없다. 아무도 자기 주장의 오류 불가능성을 주장할 수는 없다. 모든 것을 판단해 주던 신은 죽었다. 실은 모든 것을 판단해 주던 신의 뜻이라고 믿었던 것은 그렇게 믿었던 나의 뜻, 나의 권력의지였다. 이제 (나만은, 이번만은 '예외'라고 스스로 믿어 의심치 않는) 나 자신의 주장을 포함한 인간의 모든 주장은 ―당사자의 믿음이나 확신의 정도와는 무관하게― 비판적 검토의 대상이 되어야 한다.[80]

---

79   같은 책, 51쪽.

80   밀의 이러한 발언은 시기적으로 '신이란 인간이 소망하는 것을 자신의 외부에 투사한 소외의 표현'이라는 포이어바흐(Ludwig Feuerbach, 1804-1872)의 말보다는 뒤에, '신은 죽었다'는 니체의 명제보다는 앞에 오는 것이다. 이런 내용이 담긴 포이어바흐의 『기독교의 본질』(Das Wesen des Christentums)은 1841년에, 우리가 읽고 있는 밀의 『자유론』은 1859년에, '신이 죽었다'는 명제가 처음 등장하는 니체의 『즐거운 지식』(Die fröhliche

"사람들은 자신의 판단이 틀릴 수 있다는 사실을 이론상으로는 인정하면서도, 막상 현실 문제에 부딪히면 좀처럼 그렇게 생각하지 않는다. 자신이 틀릴 수 있음을 잘 알지만 그런 잘못에 대비해서 미리 어떤 조치를 취할 필요성은 그다지 느끼지 못하는 것이다. 그리고 분명히 옳은 것이라고 확신하는 어떤 의견이 실은 그들도 인정하는 바로 그 사실, 즉 인간의 판단이 잘못될 수 있다는 것을 보여 주는 한 예가 될 수 있음을 인정하려 하지 않는다. 절대적인 권력자나 맹목적인 복종을 요구하는 데 익숙한 사람들은 거의 모든 문제에 대해 자신들의 생각이 완벽하게 옳다는 확신에 빠지기 쉽다. … 이들은 자기 집단이 오류에 빠진 사람들을 바르게 이끌 책임이 있다고 생각한다."[81]

결국, "절대적으로 확실한 것은 있을 수 없다."[82] 모든 사람은 오류의 가능성을 가지고 있으며, 따라서 자기 주장의 무오류성, 절대성을 주장할 수 없다. 따라서 일반적으로 타인에게 자신이 옳다고 믿는 바를 강요해서는 안 된다. 이에 대한 유일한 정당한 예외는 상해의

Wissenschaft)은 1882년에 발간되었다.
81 같은 책, 51-53쪽.
82 같은 책, 55쪽.

원칙, 곧 타인에게 부당한 해가 갈 경우뿐이다.[83] 나아가, 밀은 이러한 개인적 신념이 여론과 관습, 나아가 종교와 정당 등과 같은 다양한 제도의 모습으로 나타날 경우, 그 위험성이 배가됨을 논증한다.

"사람들이 무엇인가 의심쩍은 모든 문제에 대해 자유로운 토론을 해야 한다고 생각하는 것은 자신의 생각이 틀릴 수 있음을 부인하지 않기 때문이다. 그런데도 어떤 특정 원리나 교리는 진리임이 분명하므로, 다시 말해 그것이 진리라고 자기들이 확신하니까 질문의 대상이 되어서는 안 된다고 강변한다. 어떤 명제에 대한 토론이 허용되기만 하면 그 타당성에 의문을 제기할 사람이 분명히 있는데도 그것이 진리라고 주장하는 것은, 우리 자신, 그리고 우리와 생각을 같이하는 다른 사람들이 그 문제의 진리 여부를 판가름하는 심판이기

---

[83]　밀의 논의를 밀 연구자 프레드 버거(Fred R. Berger)는 다음처럼 정리한다. "사회가 실수할 수 있다는 근거에서, 그[밀]는 도덕적 규칙은 불간섭이어야 한다고 생각한다. 그러나 자아 발달에 대한 그의 개념은 더욱 강력한 논의를 전제한다. 사회적 판단이 정확한 곳에서조차도 사회가 개인에게 행동을 강요할 경우에, 사회는 개인 자신의 힘의 발달을 필연적으로 저해한다. 간섭은 행위자로 하여금 스스로 판단하고, 판단을 시험하며, 자기 자신의 필요와 욕구의 균형을 맞춤에 있어서 선택의 힘을 발휘하지 못하게 한다"[프레드 버거, 「《자유론》 해제」, 존 스튜어트 밀, 『자유론』, 김형철 옮김, 서광사, 1992, 189쪽. 이 「해제」는 프레드 버거의 『행복, 정의 그리고 자유: 존 스튜어트 밀의 도덕·정치철학』 (*Happiness, Justice, and Freedom: The Moral and Political Philosophy of John Stuart Mill*, Univ. of California Press, 1984) 중 5장 '자유에 관한 이론'을 역자가 번역하여 부록으로 넣은 것이다].

때문에 여타 의견을 들을 필요가 없다고 생각하는 것이나 마찬가지이다."[84]

이 부분에서 밀의 논의는 우리 관심의 핵심에 도달했다. 우리는 어떻게 하여 우리의 입장이 옳은 것이라고 믿어 의심치 않게 되는가? 우리의 확신에 의해, 우리 믿음의 성실함에 의해, 우리의 믿음이 우리에게 주는 명확함에 의해. 문제가 되고 있는 논의의 옳고 그름을 확정하는 심판은 나, 그리고 나와 같은 생각을 품고 있는 사람들이다. 내가 이 세상의 모든 것을 부정해도 나는 내가 느끼는 이 감정의 확실함, 진실함을 부정할 수가 없다. 그러나, 왜 너의 확실함이 아니고, 나의 확실함인가? 왜 (나와 같거나 더 진실한 감정적 확신을 가지고 있는) 네 믿음의 확실함은 판단의 근거가 되지 못하고 오직 내 믿음의 확실함만이 판단의 근거가 되는가? 이것은 단적으로 자기중심적 논증이며, 나의 감정이 너의 감정보다 진실하며, 따라서 그러한 감정의 진실함에 기반한 나의 판단은 너의 판단보다 옳다는, 실은 네 판단이 틀렸다는 근거 없는 논증이다. 왜 그런가? 이러한 주장을 펼치는 사람은 다른 사람이 그 사람이 느끼는 감정의 진실함을 근거로 자신의 주장을 부인할 때 받아들이지 않을 것이기 때문이다. 이는

---

[84] 존 스튜어트 밀, 『자유론』, 서병훈 옮김, 59-60쪽. 심판은 인용자 강조.

니체에 이르는 길: '신은 죽었다'
—
181

너의 감정보다 나의 감정이 더 진실하다는, 그러므로 나의 판단이 더 옳다는 황당한 논증이다. 이러한 자기중심적 논증은 사실상 논증이라고 할 수도 없는, 근거 없는 자기중심적 우기기, 어거지에 불과하다. 나아가, 인간은 옳은 것만큼이나 잘못된 것을 진실하게, 진심으로, 열렬히 믿을 수 있다.

"거짓과는 달리 진리는, 오직 진리만이 지하 감옥과 화형의 박해를 이겨 낼 수 있는 신비한 힘을 지녔다는 믿음은 순진한 착각에 지나지 않는다. 인간은 때로 거짓에 무섭게 빠져드는데, 진리를 향한 열정이 이것보다 더 뜨겁다고 할 수도 없다."[85]

'내 생각은 결코 틀릴 수 없다'는 이러한 잘못된, 그러나 강렬한, 확신을 밀은 절대 확실성의 전제라고 부른다.[86] 그렇다면, 인류의 미래는 늘 그랬듯이 오직 늘 절망적이며 정체와 답습만이 존재하게 될까? 밀의 답은 '그렇지 않다'는 것이나, 중요한 것은 (밀의 확신이 아니라) 밀이 그렇게 생각하는 근거(reason), 또는 그렇게 생각할 수 있는 조건(condition)이다.

---

85   같은 책, 73쪽.
86   같은 책, 61쪽.

"그런데도 전체적으로 볼 때 인류의 생각과 행동이 지금처럼 놀라울 만큼 이성적인 방향으로 발전해 올 수 있었던 것은 무슨 까닭일까? 인류가 이런 상태에 이를 수 있었던 것은 —인간의 삶이 절망에 가까운 파국 상태에 빠지지 않으려면 그래야 했지만— 인간 정신의 한 특징 때문이다. 다시 말해 지적 또는 도덕적 존재로서 인간이 보여 주는 모든 자랑스러운 것들의 근원, 즉 자신의 잘못을 시정할 수 있는 능력 덕분에 이렇게 된 것이다. 인간은 토론과 경험에 힘입어 자신의 과오를 고칠 수 있다. 경험만으로는 부족하다. 과거의 경험을 바르게 해석하자면 토론이 반드시 있어야 한다. 잘못된 생각과 관행은 사실과 논쟁 앞에서 점차 그 힘을 잃게 된다. … 인간이 내리는 판단의 힘과 가치는 어디서 오는가? 그것은 판단이 잘못되었을 때 그것을 고칠 수 있다는 사실에서 비롯한다."[87]

---

[87] 같은 책, 56-57쪽. 인용자 강조. 이렇게 인간 이성의 비판적 능력을 신뢰하는 관점은 20세기 중반에 와서 『탐구의 논리』(*Logik der Forschung*, 1934), 『열린 사회와 그 적들』(*The Open Society and Its Enemies*, 1945), 『추측과 논박: 과학적 지식의 성장』(*Conjectures and Refutations. The Growth of Scientific Knowledge*, 1963), 『객관적 지식: 진화적 접근』(*Objective Knowledge. An Evolutionary Approach*, 1972) 등에서 개진된 오스트리아·영국의 과학철학자 포퍼(Karl Popper, 1902-1994)의 비판적 합리주의(critical rationalism)로 발전되었다고 말할 수 있을 것이다. 그러나 사실상 이성과 비판 및 진보의 힘을 여전히 믿는 밀과 포퍼의 논의는 (그 동기와 이상의 위대성에도 불구하고) 오늘날의 관점에서 보면 사실상 매우 순진한 믿음, 여전히 특정 주장의 중립성, 불편부당성을 믿는 주장들이다. 하지만, 엄격히 그리고 공정히 말하자면 —균형추가 밀과 포퍼의 반대자들 쪽으로 많이 기울어 있기는 하지만— 이러한 문제에 대한 논쟁은 여전히 최종적으로 종결된 것은 아니며, 오늘날에도

오류를 인식하고 시정할 수 있는 인간 이성의 능력, 이것이 19세기 중반의 위대한 이성주의자 존 스튜어트 밀의 결론이다. 밀은 (그렇게 믿는 이의 믿음과는 반대로) 믿음 자체의 강렬도와 믿음 내용의 확실성 사이에 존재하는 필연적 연관을 파괴했다. 인간 중에는 신이 없다. 그러므로 우리는 모두 대등하다. 인간의 믿음은 다만 그렇게 믿는 인간의 믿음일 뿐이다. 믿음 또는 믿음의 격렬함은 그러한 믿음의 내용이 옳음을 전혀 보장해 주지 못한다. 이제 어떤 누구도 자신의 감정은 물론 자신의 이성을 근거로 삼아 자기 주장의 절대적 옳음을 주장할 수 없다. 인간 이성의 한계를 말하면서, 신에게 귀의하는 이들, 그리하여 이것이 신의 말씀이라고 말하는 이들, 그들은 실상 자신의 이성, 직관, 감정, 의견을 절대적으로 신뢰하는 이들, 자신의 해석을 해석이 아니라고 믿는 이들, 나의 믿음이 너의 믿음보다 더 진실하고 옳다고 믿는 이들, 자신의 소망과 사실을 동일시하는 이들, 무근거에 기반하여 근거를 주장하는 이들, 여전히 '진리'를 믿는 이들[88]이다. 이제 세계는 니체를 만나게 될 것이다.

여전히 진행 중이라고 말해야 할 것이다.

88 "오늘날, 신앙을 부정하는 자들과 아웃사이더인 이들은 지적인 결백성을 요구한다는 점에서 무조건적이다. 이들은 우리 시대의 명예인바, 준엄하고 엄격하고 절제하는 영웅적인 정신의 소유자들이다. 이들은 모두 창백한 무신론자, 반그리스도교인, 비도덕주의자, 니힐리스트, 회의주의자, 정신의 소모성 질환자이다(어떤 의미에서 이들 모두는 정신의 소모성 질환자이다). 오늘날 오직 홀로 지적 양심을 가지고 있고 이를 체현하

6.

니체: 각자가 믿는 '신들'만이 존재하는 세계

로크 이후 밀에 이르는 유럽의 모든 철학자들은 이런 인식론적 자기중심주의의 문제를 해결하기 위해 다양한 해결책을 제안했다. 이제 서양 철학사를 통틀어, 가장 강력하고 가장 큰 영향력을 갖는 19세기 중후반 독일의 철학자 니체(Friedrich Nietzsche, 1844-1900)의 입장을 간략히 살펴보자. '신은 죽었다'라는 말로 대표되는 니체의 주장은 실로 논쟁적이며, 니체 자신을 대표로 하는 관점주의와 플라톤과 칸트 등을 대표로 하는 보편주의 사이의 전선은 오늘까지도 현대

고 있는 이들은 인식에 관한 최후의 이상주의자들이다. '자유롭고, 지극히 자유로운 정신'인 이들은 자신들이 실로 금욕주의적 이상으로부터 완전히 해방되어 있다고 믿는다. 그러나 그들 자신에게 너무나 가까이 있기 때문에 볼 수 없는 것을 그들에게 폭로한다면, 금욕주의적 이상이야말로 바로 그들의 이상이기도 하고 그들 자신이 그러한 이상을 표현하고 있다. 그들을 제외한 누구도 이러한 이상을 표현하고 있지 않은 것이다. 그들 자신이야말로 금욕주의적 이상의 정신화된 산물이고 최전선의 전투병이자 정찰병이며, 가장 위험하고 가장 섬세하며 가장 불가해한 유혹의 형식이다. 만일 내가 이러한 수수께끼를 푼다면, 이러한 명제로 풀고자 한다!'그들은 결코 자유 정신이 아니다. 왜냐하면 그들은 아직 진리를 믿고 있기 때문이다"(프리드리히 니체, 「세 번째 논문: 금욕주의적 이상이란 무엇을 의미하는가?」, 『도덕의 계보』, 박찬국 옮김, 아카넷, 2021, § 24, 278-279쪽).

철학의 최전선을 구성하고 있다. 아래의 글을 읽는다면 당신도 이제까지의 논의와는 차원을 달리하는 니체의 철학적 주장이 갖는 근본적·급진적(radical) 성격을 즉시 이해할 수 있을 것이다. 따라서, 니체의 관점주의는 내로남불 현상의 해결책을 모색하는 우리로서도 결코 무시할 수 없는 강력한 지침을 제공한다.

우선, 니체의 관점주의(觀點主義, Perspektivismus)란 물론 글자 그대로 '관점이 모든 것'이라는 주장, 곧 오직 '관점만이 중요하다'라는 주장이다.

"오직 관점주의적인 봄만이, 오직 관점주의적인 '인식'만이 존재한다."[89]

우리는 관점 없이 볼 수 없다. 관점이 없이는 어느 누구도 아무것도 볼 수 없다. 보는 지점(point of view) 없이 봄(view)이 있을 수 없는 것

---

[89]   프리드리히 니체, 「세 번째 논문: 금욕주의적 이상이란 무엇을 의미하는가?」, 『도덕의 계보』, 박찬국 옮김, §12, 222쪽.

이다. 인식도 마찬가지이다. 우리가 어떤 무엇에 대한 인식을 가지고 있다는 사실은 이미 그러한 인식을 가능케 한 특정 관점의 존재를 전제한다. 우리가 앞에 놓인 한 개의 귤을 보든, 대한민국 사회를 보든, 이는 마찬가지이다. 우리가 우리 앞에 놓인 한 개의 귤을 특정 관점(곧 우리 눈의 높낮이를 포함한 위치)이 아닌 곳에서 보는 것이 불가능하듯이, 우리가 이 귤을 한 장의 사진으로 남긴다고 할 때, 카메라를 특정 지점에 놓지 않고서는 어떤 사진도 찍을 수가 없듯이, 우리는 대한민국 사회를 특정 관점 없이 객관적·중립적으로 보는 것이 불가능하다. 이처럼 인식은 그 자체로 늘 어떤 특정 관점에 구속되어 있다. 따라서 자기 인식의 불편부당함을 주장하는 것은 논리적 오류이다. 특정 관점에서 무엇을 바라보았다는 것은 그러한 인식의 주체가 (스스로가 알든 모르든, 인정하든 인정하지 않든) 특정 관점에서 바라본, 특정 해석을 수행했다는 말이다. 따라서 내가 믿는 진리는 내가 믿는 진리일 뿐이다. 보다 정확히는 내가 믿는 진리는 내가 그것이 옳다고 보도록 조건화된 진리이다. 진리란 결국 내가 믿는 가설이다. 나의 진리는 나의 진리일 뿐이다. 왜냐하면, 어떤 관점에서도 바라보지 않은 진리 그 자체란 있을 수 없고, 오직 나 또는 누군가의 특정 관점에서 바라본 특정 해석들만이 존재하기 때문이다. 결국 진리는 없고, 관점만이 존재한다. 또는 진리는 없고, 해석만이 존재한다. 마찬가지로, 사실은 없고 관점만이 존재한다. 동의하기 힘든가? 또는 적어도 니체 주장의 어떤 부분은 아직 전적으로 동의하기 힘든가? 물론 니체의 주장에 대한 적절한 논의를 펼치기 위해서는 니체의 주장을 정확히 이해하는 일이 선행되어야 한다. 니체의 주장을 좀 더 자세히 따라가 보자.

"모든 것의 해석적 성격. / 사건 자체란 존재하지 않는다. 일어난 것은 해석하는 존재에 의해 한 무리의 현상들이 해석되고 종합된 것이다."[90]

앞의 단락을 읽었다면, 당신은 이제 이러한 주장이 쉽게 '이해'가 될 것이다(이는 일단 니체의 주장에 대한 '동의' 여부가 아니라, 니체의 주장을 '이해'했는가라는 관점에서 적은 문장이다. 곧 철학이란 논점에 대한 이해이기 때문이다. 논점이 무엇인지 모르고 펼치는 찬성은 논점을 이해하지 못하고 펼치는 반대만큼이나 끔찍하다). 내가 해석이 아니라고 믿는 것, '있는 그대로'의 사실 자체라고 믿는 모든 것은 실은 이미 해석된 것, 그렇게 특정 관점에서 해석된 한도 내에서만 나의 관심(關心, interest) 범위 안에 들어와 내게 인식된 것이다. 모든 인식에는 관점이, 그리고 관심이 선

---

90   프리드리히 니체, 『유고(1885년 가을-1887년 가을): 원래 나는 나를 어느 정도나 자신에게서 보호해 주고 외』, 이진우 옮김, 니체전집 19, 책세상, 2005, § 1[115], 44쪽.

행한다. 관심이 없으면 인식 자체가 일어나지 않는다(어떤 순간에는 잠시 관심의 대상이 되어 인식의 대상이 되었다 하더라도, 그 순간이 지나가면 곧 잊힌다). 관심이란 '관여된 마음'이다. 관심의 영어 interest의 라틴어 어원은 inter(사이) + esse(존재)이다. 관심이란 존재와 존재 사이에 일어난 무엇, 곧 관련된 마음이다. 관심이 없는 것이 인식된 적이 있는가? 볼리비아에서 가장 긴 다리는 무엇인가? 2008년 수능의 평균 점수는 몇 점이었는가? 북한의 도로교통법은 가장 최근에는 몇 년에 개정되었는가? 당신이 낮에 갔던 슈퍼마켓의 전구는 모두 몇 개였는가? 몇몇 예외적인 경우를 제외한다면, 대한민국의 평균적인 보통 시민이 이런 질문들에 정답을 제시하기는 매우 어려울 것이다. 관심이 없기 때문이다. 그러나 다음과 같은 질문에는 대답을 할 수 있을지도 모른다. 당신이 가장 사랑하는 사람의 생일은 언제인가? 당신이 나온 초등학교는 지금 어디에 있는가? 대한민국의 현재 대통령은 누구인가? 미국의 주는 모두 몇 개인가? 일본의 인구는 몇 명인가? 당신이 행한 내로남불은 어떤 것이 있는가? 이것들 중 전부 또는 몇 개에 대해 당신은 분명 답을 할 수 있었을 것이다. 이런 것들은 당신(또는 당신이 속한 집단)의 관심 범위 내에 들어오는 일들이기 때문이다.

이제 우리는 내가 생각하는 이른바 '있는 그대로'의 객관적이고 중립적인 사실이 실은 이미 특정 관심, 특정 관점 아래 해석되고 선택된 사실임을 알 수 있다. 우리가 믿는 사실들이란 무한 개의 사실들 중 선택된 특정 개의 사실들이다. 사실의 개수는 무한하다. 나와 당신의 사랑이든 싸움이든, 광우병이든 세월호든 검찰개혁이든, 또 다른 무엇에 관련된 것이든, 우리가 생각하는 사실들이란 내가 조건화된 특정 관심과 관점 아래 선택된 사실들, 이미 해석된 사실들이다. 그럼에도 불구하고, 나는 내가 관심을 갖는 사실들, 그리고 이를 토대로 하여 나의 특정 관점과 해석 아래 이루어진 내 판단의 불편부당함, 공정성을 의심 없이 믿는다. 실로, 팔은 안으로 굽는다.[91]

따라서, 플라톤(Platon, 기원전 428/427-기원전 348/347)이 믿었던 바와는 정반대로, 사태 또는 사실에 대한 올바른 하나의 진리(ἐπιστήμη, epistēmē)와 잘못된 여러 개의 의견들(δόξα, doxa)이 존재하는 것이 아니다. 누군가가 믿는 어떤 사태에 대한 '진리'란 하나의 사태에 대해 제시될 수 있는 여러 개의 가능한 '해석들' 중 하나이다. 니체는 이를 이렇게 정식화한다.

"동일한 텍스트가 무한히 많은 해석들을 허용한다. 하나의 '올바른'

---

[91]　이제 니체는 이러한 우리 인식의 불가피한 편파적 성격에 입각하여, '폭력을 가함, 수정, 축약, 생략, 변조, 날조, 위조, 그 밖에 모든 해석의 본질에 속하는 것'에 대하여 말한다(프리드리히 니체, 「세 번째 논문: 금욕주의적 이상이란 무엇을 의미하는가?」, 『도덕의 계보』, 박찬국 옮김, § 24, 280쪽).

해석은 존재하지 않는다."[92]

이러한 주장이 불편한가? 그렇다면 이 책의 맨 앞부분에서 제시한 바와 같이, 당신은 이 세계에 존재하는 무수한 논쟁들에 하나의 '올바른' 정답이 있다고 믿는가? 이러한 모든 논의의 핵심적 논점은 이제까지 다루어 온 이 책의 관심 주제에 다름 아니다. 이러한 모든 문제들을 누가, 어떤 기준으로, 어떻게 결정할 것인가? 나아가, 니체는 대상 자체, 사물 자체, 사태 자체란 존재하지 않는다고 말한다. 사태 '자체'란 이미 주어진 다수의 특정 관계와 관점들에 의해 규정되는 것, 형성되는 것이 아니던가?

"'그 자체'에는 도대체 의미가 있는 것인가?? / 의미란 필연적으로 관계-의미와 관점이 아닌가? / 모든 의미는 힘에의 의지다(모든 관계-의미들은 힘에의 의지로 해체된다)."[93]

"어떤 사물의 속성들은 다른 '사물들'에 대한 효과들이다: 다른 '사물들'을 빼고 생각하면, 사물은 아무런 속성도 갖지 않는다. 즉, 다른

92　　프리드리히 니체, 『유고(1885년 가을-1887년 가을): 원래 나는 나를 어느 정도 나 자신에게서 보호해 주고 외』, 이진우 옮김, § 1[120], 46쪽.

93　　같은 책, § 2[77], 121쪽.

사물들이 없으면 어떤 사물도 존재하지 않는다. 즉 '물자체'는 존재하지 않는다. "[94]

"세계의 가치는 우리의 해석에 있다는 점, … 종래의 해석들은 우리가 권력을 증대하기 위해 생명, 즉 힘에의 의지를 보존할 수 있도록 해 주는 관점주의적 평가들이라는 점, … ― 이것이 나의 저서들을 관통한다. 우리와 어느 정도 관련이 있는 세계는 틀렸다. 즉, 그것은 사실이 아니라 빈약한 양의 관찰을 통해 지어낸 생각이고 다듬어 놓은 것이다. 세계는 '흐르는 강 속에' 있다. 무엇인가 형성되는 것으로서, 거듭해서 새롭게 연기되는 거짓으로서. 이 거짓은 결코 진리에 다가가지 못한다: ― 왜냐하면 '진리'란 없기 때문이다. "[95]

"'물 자체'는 '의미 자체', '뜻 자체'와 마찬가지로 잘못된 것이다. '사실 자체'는 존재하지 않는다. 어떤 사실이 있기 위해서는 항상 의미가 먼저 투입되어야 한다. / "그것은 무엇인가?"는 다른 무엇에 의해 파악된 의미-정립이다. '본질', '실재'는 관점주의적인 것이며, 이미 다수를 전제한다. 그 밑바탕에는 항상 "그것은 나에게 (우리에게, 살아있

---

94   같은 책, § 2[85], 129쪽.
95   같은 책, § 2[108], 141쪽. 문맥에 맞추어 번역을 약간 수정했다.

는 만물 등에게) 무엇인가?"가 놓여 있다."**96**

우리는 결코 대상 자체로 돌아갈 수 없다. 사건과 대상을 막론하고, 우리는 대상 자체를 '있는 그대로' 인식할 수 없다. 우리가 사실 자체, 대상 자체라고 믿는 그 어떤 것이란 이미 우리의 특정 관심과 특정 관점에 의해 우리의 인식 대상으로 선택되었고, 특정 관점과 방식에 따라 인식되고 해석된 사실, 선택된 대상이기 때문이다. 니체에 따르면, 이러한 선택은 인간이라는 존재가 힘의 의지에 따라 자신을 포함한 세계를 해석하고자 하는 존재라는 사실에서 오는 필연적 귀결이다. 우리가, 사물이든 사태이든, 어떤 무엇인가에 대해 말한다는 사실 자체가 이미 그것이 이른바 인식 '대상'으로 선택되고 해석되었음을 의미한다. '사실'이 존재하기 위해서는 이미 '의미'가, '해석'이 투여되어 있어야 한다. 따라서, 모든 것은 이미 늘 관점의 문제, 해석의 문제이다. 따라서, 모든 것이 해석이므로, 동일한 논리에 따라, 내가 일말의 의심도 없이 신뢰하는 사태의 '본질'이란 단지 내가 믿는 본질이다. 한마디로 표현하자면 다음과 같다.

"'본질'은 없다."**97**

96　같은 책, § 2[149], 171쪽.

본질이 없으므로, 진리도 없다. 모든 것이 해석이며, 관점이다. 이것이 '관점'주의이다. 내가 믿는 본질과 진리란 내가 믿는 본질과 진리일 뿐이다. 어떤 인간도 이 한계를 넘어서서 본질과 진리 '자체'를 볼 수가 없다. 이는 인간이 노력하면 가능한 그런 문제가 아니라, 어떤 인간도 결코 넘어설 수 없는 인간의 한계, 조건이다. 니체 이전의 서양에서 그러한 일을 할 수 있다고 가정된 존재는 '신'이라 불렸다. 그러나 신의 뜻이 무엇인지 알 수 있는 인간이 어디에 있다는 말인가? 누가 그 사람에게 그런 능력을 주었는가? 신의 뜻을 알 수 있으며, 실제로 나만은 신의 뜻을 알고 있다고 믿는 인간은 다만 스스로 그렇게 믿고 있는 인간에 불과하다. 이 사람은 자신의 해석이 (자신의 뜻이 섞인) 해석이 아니라, '있는 그대로의' 사실이라고 주장할 것이다. 그러나 마르크스의 말대로, 무지는 논증이 아니다. 이 사람은 논점을 이해하지 못하는 사람이다. 이 사람이 자신의 믿음이 타당함을 진심으로 확신하고 있다 해도, 누군가의 믿음이 얼마나 견실한가의 문제와 그 사람이 믿는 내용이 옳은가라는 문제는 전혀 다른 종류의 두 가지 문제이므로, 그 사람의 믿음이 보여 주는 견실함은 그 사람이 믿는 믿음의 내용이 옳은가 그른가라는 진위의 문제에는 하등의 영향을 끼치지 못한다. 신은 죽었다.

---

97   같은 책, § 7[1], 311쪽.

이제 니체는 자신을 포함한 모든 인간들이 말하는 현상의 '본질'이란 단지 '그 사람이 생각하는 현상의 본질', '현상에 대한 그 사람의 해석'에 불과함을 안다. 따라서, 니체는 이제 이렇게 말한다.

"나의 주요 명제: 도덕적 현상들은 존재하지 않는다. 단지 이 현상들에 대한 도덕적 해석이 있을 뿐이다. 이 해석조차 도덕 바깥에 근원을 갖고 있다."[98]

우리는 이 명제를 무한히 바꿀 수 있다. 정치적 현상이란 존재하지 않는다. 다만 현상에 대한 정치적 해석이 있을 뿐이다. 심미적 현상이란 존재하지 않는다. 다만 현상에 대한 심미적 해석이 있을 뿐이다, 그리고 또 무한히 이어진다. 이처럼, 사람들이 대상에 부여하는 속성은 사실은 자신의 속성이다. 하늘의 질서가 땅에 실현되는 것이 아니라, 자신들의 질서, 곧 땅의 질서를 하늘에 투영하는 것이다(이런 면에서, 고대의 천문학은 정치학의 일부이다). 이른바 동양과 서양의 '별자리'를 생각해 보라. 자연(自然, physis)에 따라 당연(當然, nomos)이 정해진 것이 아니라, 당연의 필요에 의해 자연이 사후적으로 설정된다.[99]

98　　같은 책, § 2[165], 182쪽.

99　　실은 아마도 자연과 당연이 상호작용하면서, 동시적·상관적으로 형성된다고 말하는 편이 보다 안전할 것이다.

따라서 우리는 우리가 세계에 '이미' 넣어 놓은 것만을 세계에서 다시 '발견'할 수 있을 뿐이다.

"사람들은 사물들 속에서 자신이 집어 넣은 것 외에는 아무것도 다시 발견하지 못한다."[100]

따라서, 자연적인 것만이 아니라, 우리가 믿는 모든 초자연적인 것, 비자연적인 것, 반자연적인 것 역시 모두 자연적인 것들이다. 그리고 자연적인 모든 것은 실은 인간적인 것이다. 따라서, 이 세계는 (당사자들 스스로의 믿음과는 상관없이) '인간적인, 너무나도 인간적인' 세계이다.

"『인간적인 너무나 인간적인』 ··· ― 그 제목은 "너희가 이상적인 것들을 보는 곳에서, 나는 ― 인간적인, 아아, 인간적인 것만을 본다"라는 말을 하고 있는 것이다."[101]

---

100   같은 책, 2[174], 188쪽.

101   프리드리히 니체, 「이 사람을 보라」, 『바그너의 경우·우상의 황혼·안티크리스트·이 사람을 보라·디오니소스 송가·니체 대 바그너』, 니체전집 15, 책세상, 2002, 404-405쪽.

이처럼, 인간은 자신이 세계에 미리 넣어 둔 것만을 다시 발견할 뿐이다. 이른바 '자연법칙'은 자연 자체의 법칙이 아니라, 자연을 이해하는 인간 관념의 법칙이다. 이것이 좁은 의미의 인문학만이 아니라, 사회과학, 예술, 자연과학 등 모든 것이 인문학(studia humanitatis)이며, 인간학(Anthropologie)이라는 의미일 것이다. 그렇다면, 인간은 왜 세계와 인간을, 자신과 타인을, 인식하고자 하는가? 니체의 대답은 '이 모든 것들을 지배하기 위해서'라는 것이다. 진리의 의지, 지식의 의지, 앎을 향한 의지가 곧 힘에의 의지이다. 달리 말해, 해석은 이미 그 자체로 힘에의 의지, 지배의 의지이다.

"힘에의 의지는 해석한다 … 실제로 해석은 그 무엇인가를 지배하기 위한 수단 자체다(유기체적 과정은 지속적인 해석을 전제한다)."[102]

'해석할 수밖에 없는' 인간의 운명에 따라, 이제 해석하지 않는 것마저도 또 다른 형식의 해석, 하나의 해석이 되어 버렸다. 인간의 해석이란 힘에의 의지의 수단이자, 존재 방식이다. 인간의 해석은 늘 자신에게 유리하게 작동한다. 인간은 지배하기 위해 해석한다. 모

---

102   프리드리히 니체, 『유고(1885년 가을-1887년 가을): 원래 나는 나를 어느 정도나 자신에게서 보호해 주고』, 이진우 옮김, § 2[148], 171쪽.

든 사람은 유죄다. 모든 사람은 세계를 지배하고 싶어 한다(everybody wants to rule the world). 그리고 가장 강력한 지배 수단이 바로 인식이다. 니체는 인식에 대한 질문을 던지고, 이처럼 대답한다.

"'인식한다는 것'은 무엇인가? 뭔가 낯선 것을 알려진 것, 익숙한 것으로 환원하는 것. 첫 번째 기본 원칙: 우리가 익숙해진 것은 우리에게 더 이상 수수께끼, 문제로 여겨지지 않는다. 새로운 것, 낯설게 만드는 것에 대한 감정의 둔화: 규칙적으로 일어나는 모든 일은 우리에게 더 이상 의심스럽지 않은 것으로 보인다. 그렇기 때문에 규칙 탐색은 인식하는 사람의 제일 본능이다: 물론 규칙의 확인으로써 '인식된' 것은 전혀 없다! ─ 그렇기 때문에 물리학자들의 미신: 그들이 고수할 수 있는 곳, 즉 현상들의 규칙성이 단축시키는 정식들의 적용을 허용하는 곳에서 그들은 무엇인가가 인식되었다고 생각한다. 그들은 '안정성'을 느낀다. 그러나 지적 안정성의 배후에는 두려움의 진정(鎭靜)이 있다: 그들은 규칙을 원하는데, 그것은 규칙이 세계에서 두려움을 제거하기 때문이다. 예측할 수 없는 것에 대한 두려움은 학문의 배후 본능이다. / 규칙성은 묻는(즉, 두려워하는) 본능을 잠들게 한다. "설명한다"는 사건의 규칙을 제시한다는 것을 의미한다. '법칙'에 대한 믿음은 자의적인 것의 위험성에 대한 믿음이다. 법칙을 믿으려는 선한 의지는 학문이 승리할 수 있도록 도와주었다(특히 민주 시대에)."[103]

니체에 따르면, 인식이란 '내가 모르는 것'을 '내가 아는 것'으로 바꾸어 놓는 일이다. 내가 모르는 것은 나를 불안하게 한다, 두렵게 한다. 따라서, 인간은 자신이 모르는 것, 이해하지 못하는 것을 자신이 아는 것, 자신에게 익숙한 것으로 바꾸어 놓는다. 인간이 낯선 것을 낯익은 것으로 바꾸는 방법 중의 하나가 특정의 프레임, 곧 일정한 규칙과 법칙을 만들어 내가 아직 이해하지 못하는 낯선 현상을 낯익은 현상으로 바꾸어 버리는 작업이다. 특정의 프레임, 해석의 틀을 통해, 낯선 것을 낯익은 것으로 바꾸는 작업이 곧 인식이자, 학문이다. 인식과 학문의 근본 동기는 두려움, 불편함을 견디지 못하는 것이다. 불편함과 두려움을 견디지 못하는 무능력이다.

"새로운 것은 공포를 일으킨다: … / 낯익은 것은 신뢰를 불러 일으킨다 / '진실한' 것은 안정감을 주는 것이다 / 관성은 외부의 어떤 인상에도 우선 동일화를 시도한다: 다시 말해서 인상과 기억을 동일한 것으로 만든다. 그것은 반복을 원한다. / … / 판단 속에는 의지(그것은 그러그러해야 한다)가 일부 남아 있고 쾌락의 감정이 일부 남아 있다(긍정의 즐거움 :) / 주의. 비교는 원래 활동이 아니라 동일하게 취급하기다! 판단은 원래 어떤 것이 이러이러하다는 믿음이 아니라, 어떤

---

103   같은 책, § 5[10], 234쪽.

것은 이러이러해야 한다는 의지다."¹⁰⁴

　인식이란, 학문이란, 낯선 것을 낯익은 것으로 바꾸어 놓으려는 의지이다. 진리에의 의지, 해석, 인식이란 새로운 낯선 것을 견디지 못하는 자신의 무능력으로부터 출발하여 새로운 낯선 것을 내가 이미 아는 익숙한 것으로 바꾸어 놓으려는 의지, 한마디로 내가 이해하지 못하는 것을 내가 '이해할 수 있는 것으로 만들려는 마음', '실용적이고 유익하고 착취 가능한 것으로 만들려는 마음'¹⁰⁵이다.

　니체에 관한 이상의 논의를 우리의 질문, 곧 '누가, 어떤 기준으로, 어떻게 정하는가'라는 문제의식 아래 다시 간략히 요약해 보자.
　니체의 '신은 죽었다'는 말은 정답이 있는 세계가 더 이상은 불가능하다는 말에 다름 아니다. 그 이유는 물론 신이 실제로 죽어서가 아니라, 신으로 대변되는 서양 세계의 지배적 관념이 파괴되었기 때문이다. 서양에서 신이란 무엇보다도 전지자(全知者), 곧 모든 것을

104　　　같은 책, § 7[3], 318쪽.
105　　　같은 책, § 7[3], 319쪽.

알고 있는 자였다. 이때의 전지자란 관점 없이 보는 자, 편견으로부터 자유로운 자, 세상을 있는 그대로 보는 자를 지칭하는 말이다. 물론 인간들 중에는 신이 없다. 그러나 인간들 중에서 어떤 이들은, 그러니까 우리 모두는, 내가 신의 뜻을 안다고 말한다. 그러나 니체는 그것이 그렇게 말하는 당신의 믿음에 불과하다고 말한다. 신의 뜻을 알려면, 편견과 치우침이 없이 사태 전체를 모두 보는 능력을 갖추어야 한다. 그러나 어떤 인간도 그런 능력을 가지고 있지 못하다. 어느 누구에게도 그런 '인식'은 불가능하다. 인식과 신의 인식이란 말은 같은 말이다. 신의 인식이란 동어 반복이었던 것이다. 나아가, 우리가 있는 그대로라고 믿어 의심치 않는 인식은 늘 이미 그 자체로 해석된 인식, 조건화된 인식이다. 우리는 '있는 그대로'의 참다운 인식에 결코 도달할 수가 없다. 그것은 오직 신의 것이었으므로, 그리고 인간들 중에는 신이 없으므로.

그러나 우리는 여전히 다음과 같은 몇 가지 '건전한'(sound) 질문을 던져 볼 수 있지 않을까? 우선, 물론 철학적 인식론의 영역에서 모두가 동의할 수 있는 진리가 현재 존재하지 않는다는 것은 인정할 수도 있다(물론 그렇게 생각하지 않는 사람들도 많지만). 그러나 설령 그렇다고 해도, 니체의 주장은 인식론상의 보편적 진리가 아직 발견되지 않았다는 현재의 사실로부터 앞으로 진리의 존재가 발견될 수 있는 가능성 자체를 부정해 버리는 '성급한 일반화의 오류'를 범하고 있는 것은 아닐까? 그럴 수도 있다. 그러나 니체는 이에 대해 다음처럼 답할 것이다. 우선, '보편적 진리가 아직 발견되지 않았다'는 사실로부터 '그러한 진리는 앞으로도 영원히 발견되지 않을 것이다'라는 결론을 이끌어 내는 것은 성급한 일반화의 오류가 맞을 것이다. 그러나 나의 논점은 앞으로 발견되지 않으리라는 것이 아니라, 그러한 '진리'가 앞으로 '발견'되었다고 해도, 그것이 정말 그러한 진리인지, 그것이 어떻게 '발견될 수 있는지'에 대해 사람들이 합의하는 일은 영원히 없으리라는 주장이다. 물론 이 모든 것은 현재의 내 판단이다. 따라서 미래의 어느 시점에 (가령, 내가 죽은 이후의 어느 시점에) 그러한 진리가 발견될 수도 있으리라는 가능성 자체는 인정할 수도 있지만, 어떤 경우에도 내가 말하는 모든 학자 또는 대부분의 학자들이 합의와 동의에 이르는 일은 없을 것이라는 말이다. 오늘날 쿤(Thomas Kuhn, 1922-1996)이 말하듯이, 이른바 '진리'란 사실상 특정 분야의 전문가 집단 대다수가 동의하는 진리, 곧 패러다임(paradigm)일 뿐이다. 그리고 패러다임이란 사실상 특정 분야의 전문가 집단이 합의하는 가설, 곧 하나의 '과학사회학적' 진리일 수 있다(물론 동의와 합의는 다르지만). 나의 주장은 물론 현재의 내가 생각하는 인식의 '본질'이다. 미래에는 나의 주장을 반박할 새로운 논의가 이루어질 수도 있을 것이다.

사람들은 이 순간 니체에게 이렇게 물을 것이다. 당신은 방금 따옴표를 사용하기는 했지만 인식의 '본질'이라는 용어를 사용했다. '본질이란 존재하지 않는다'고 말하는 당신이 이런 용어를 사용한다는 것은 일관성을 상실한 '자기모순적' 논변이다. 니체는 이제 이렇게 대답할 것이다. 맞다. 정확한 지적이다. 그러나 내가 생각하는 '본질'이란 다만 '내가 생각하는 본질'일 뿐이다. 나는 '내가 생각하는' 본질의 '보편타당성'을 주장하지 않는다. 당신의 비판은 나의 논점을 이해하지 못한 질문이다. 나는 본질이나 진리 같은 용어 자체를 사용해서는 안 된다고 말한 적이 없다. 우리는 필연적으로 그런 용어들을 사용할 수 밖에 없다. 나의 주장은 그러한 용어들을 사용해서는 안 된다는 것이 아니라, 우리가 사용하는 그러한 용어들이 단지 '우리가 믿는' 본질, '우리가 구성한' 세계의 본질임을 기억하라는 것이다. 우리 모두는 '자신이 구성한' 세계의 '본질'에 대해 말할 수 있을 뿐이다.

니체가 주장한 인식의 전환은 실로 서양 철학사에 혁명을 가져왔다. 중요한 것은 니체와 니체 이전의 모든 철학자 사이에는 건널 수 없는 심연이 존재함을 이해하는 일이다. 니체 이전의 철학자들, 가령 로크의 '인식'과 니체의 '인식'은 그 본성에서 질적으로 다르다. 로크의 위대함과 탁월함에도 불구하고, 로크는 결국 자기 자신의 주장을 자기 자신의 주장에 대한 예외로 설정한다. 로크는 우리 중 어떤 누구도 신의 의지를 알 수 없으며, 따라서 모든 것은 그렇게 믿는 당사자의 이성과 양심에 따른 판단에 불과하다고 말한다. 그러나 로크는 자신의 주장만은 이러한 주장에 대한 예외라고 말한다. 모든 것은 상대적이되, '모든 것이 상대적'이라는 나의 이 말만은 상대적이지 않다고 말한 것이다. 로크는 자신의 주장을 게임의 선수가 아닌 심판으로 놓은 것이다. 그러나 로크는 정말 선수가 아니라, 불편부당한 심판일까? 또는 로크가 아니라면, 그 어떤 다른 누군가는 주어진 문제의 해결을 위한 '심판'의 역할을 수행할 수 있는 것일까? 인식론적으로, 로크의 주장은 우리에게 상대주의-보편주의의 문제를 불러일으킨다. 니체 이전의 모든 철학자들은 근본적으로 모든 다른 이들을 선수라고 지칭하면서 자신만은 선수가 아니라, 심판이라고 말해 온 것이다. 그러나, 이에 대해 니체는 전혀 새로운 답변을 제출한다. 나도 선수다. 그리고 이 세상에 심판이란 없다. 나만이 아니라, 이 세상의 어떤 누구도 심판이 될 수 없으며, 우리 모두는 이 세상에 존재하는 모든 문제에 대하여 오직 선수들일 뿐이다. 심판은 죽었다. 누군가가 심판이 될 수 있다면, 그것은 그 사람이 본질적으로 심판이어서가 아니라, 그 사람을 심판으로 삼기로 우리가 약속했기 때문이다. 오늘 누군가의 심판임은 운명과 필연의 영역이 아니라, 약속과 우연의 영역이다. 운명과 섭리가 아닌, 토론과 합리성의 영역이다.[106]

---

[106] 물론, 니체는 나아가 이성과 합리성의 정의(定義) 자체도 또다시 비판적으로 검토·부정한다. 무엇이 합리적이고 무엇이 비합리적인가를 규정하는 행위 자체는, 어떤 경우에도 '사실판단'이 아닌, 해석의 문제, 의지의 문제이기 때문이다.

나오면서

내로남불,
'신이 죽은' 시대의 인식 조건

어떤 것이 정치적이고 어떤 것이 정치적이지 않은가를 결정하는 행위 이상의 정치적 행위란 존재하지 않는다. 어떤 누구도 순수하지 않으며, 이런 면에서는, 모든 사람이 정치적이다. 우리 모두가 편파적이며, 우리 모두가 자신의 확증편향에 따라 사태를 인식한다. 여기에는 어떤 예외도 있을 수 없고, 우리는 이제 그러한 사실을 안다. 이제, 이런 의미에서는, 너와 그들만이 아니라, 나와 우리 모두가 내로남불이라고 말할 수도 있을 것이다. 내가 비난하는 사람, 나의 적들만이 아니라, 나와 너를 포함한 모든 사람이, 우리 모두가, 특정 관심과 관점에 의해 선택적으로 인식하고, 선택적으로 인식하지 않으며, 선택적으로 분노하고, 선택적으로 비판하며, 선택적으로 지지한다. 이는 이른바 우리가 믿는 '사실' 자체가 이미 특정 관심과 관점에 의해 '선택적으로' 선택된 것이기 때문이다.

⌘

누군가는 니체의 주장에 대해 이런 반박을 펼칠 수 있을 것이다. 니체의 이러한 주장은 상대주의의 오류에 빠지지 않는가? 니체는 이에 대해 우리는 상대주의의 '오류'에 '빠지는' 것이 아니며, 상대주의는 인간 인식의 한계가 아니라, 어떤 인간도 벗어날 수 없는 인간 인식의 불가피한 조건이라고 답할 것이다. 상대주의는 인간 인식의 한계라기보다는, 차라리 인간의 인식의 가능 조건이다. 상대주의가 아니라면, 절대주의와 보편주의를 지지하는가? 보편주의와 절대주의가 옳은지 누가, 어떤 기준으로, 어떻게 결정하는가? 그것은 그것이 옳다고 믿는 사람들의 믿음이 아닌가? 그렇다면, 사람들은 니체에게 물을 것이다. 그런데, 니체 당신의 주장도 역시 그렇지 않은가? 당신의 주장도 그것이 옳다고 믿는 사람들의 믿음 아닌가? 니체는 이렇게 답할 것이다. 그렇다. 바로 그렇기 때문에 나는 내 주장의 보편성을 주장하지 않고, 이것이 다만 나의 구성(composition), 의견(opinion)이라고 말하는 것이다. 그러나, 사람들은 또다시 니체에게 물을 것이다. 그러나 당신의 그러한 '의견'은 사실상 의견을 가장한 또 하나의 '보편적 진리 주장'이 아닌가? 니체는 이렇게 답할 것이다. 그렇게 말하고 싶다면 그렇게 말할 수도 있을 것이다. 그러나 나의 '진리 주장'은 스스로의 보편성을 주장하지 않는 하나의 가설, 하나의 약속임을 스스로 인정한다는 의미에서 '전통적 의미의' 진리 주장, 곧 '자신의 주장에 대해서만은 배타적 보편주의를 가정하는' 진리 주장이라고 말할 수가 없다. 이렇게 논쟁은 끝없이 이어질 것이다.

잊지 말아야 할 것은 본문의 논의에서도 살펴본 것처럼, 물론 주어진 특정 체계가 있다면, 신은 분명 존재한다는 사실이다. 2+2가 4라면, 2+6은 오직 8일 수 있을 뿐, 7이나 38 같은 것일 수 없다. 그것은 그냥 오류이다. 그러나 일어와 영어, 골프와 축구, 공산주의와 사회민주주의, 불교와 그리스도교, 종교와 무신론, 팝과 클래식, 나아가 골프와 공산주의, 그리스도교와 일어, 뉴턴과 팝, 클래식과 무신론은 통약 불가능한(incommensurable) 것, 곧 비교 불가능한 것이다 (물론, 이 용어들을 정의하기에 따라 때로 '통약 가능할' 수도 있다). 그러나, 주어진 특정 체계가 없을 때, 모든 것은 대등한 가설들로서 허용된다. 어떤 체계를 받아들일까의 문제는 합리성의 영역인 만큼이나, 그 이상의 영역, 곧 결단의 영역이다. 결혼을 할 것인가, 하지 않을 것인가에 대해 모든 사람이 받아들여야 하는 '합리적' 체계 따위는 없는 것이다. 각자의 사정과 상황, 의지에 따라 각자가 결정하면 될 일이다. 그러나 물론, (결혼을 하겠다, 하지 않겠다와 같은) 일정한 체계가 선택된다면, 그 한도 내에서는 (결혼을 한다면 자녀를 낳을 것인가 아닌가와 같은 선택지들 중에서) 어떤 선택이 더 나은가를 따지는 편의적·도구적 합리성은 존재할 수 있다. 그러나 (결혼을 할 것인가, 말 것인가, 또는 다른 어떤 선택지를 택할 것인가와 같이) **어떤 체계를 선택할 것인가 자체가 문제가 되는 경우, 이에 대한** (모든 사람이 따라야 하는) **'합리적' 정답이란 없다.** 이는 각자가 결단해야 할 영역, 각자가 결정해야 할 영역이다. 이런 영역에 어떤 보편적 합리성을 도입하려는 시도 또는 의도 자체가 시대착오적이다.

따라서 1818년생인 마르크스와 1844년생인 니체 사이에는 건널 수 없는 심연이 존재한다. 이들의 나이는 서로 26년밖에 차이가 나지 않지만, 적어도 서양 인식론의 역사에서, 이들의 차이는 실로 거대한 것이다. 마르크스의 책을 읽으면, 이 세계의 '본질'이 무엇이며, 현재의 세계에 필요한 것은 무엇이고, 이에 따라 내가 무엇을 해야 하는지가 다 나와 있다. 그러나 (특히 말년의) 니체가 쓴 책들을 읽으면, 세계의 '본질' 같은 것은 없고, 모든 것은 해석의 영역이며, 따라서 현재의 세계에 필요한 것이 무엇인지, 내가 무엇을 해야 하는지가 전혀 나오지 않는다. 니체는 오직 자기 얘기만을 해 놓았을 뿐이다. 사실상 니체가 나에게 하는 말은 다음과 같은 한마디이다. "내일은 내가 할 테니, 네 일은 네가 알아서!" 둘 사이의 차이는 마르크스가 나의 아버지를 죽이고 자신이 새로운 아버지의 역할을 해 주는데 반해, 니체는 나의 아버지를 죽이고 나의 아버지가 되어 주기는커녕, 이렇게 말한다는 점이다. "이제 네가 스스로 너 자신의 아버지가 되어 봐. 아니, 이제 아버지 없이 사는 법을 배워 봐!"

나를 포함한 거의 모든 사람은 자신의 주장이 '옳다'고 의심 없이 가정한다. 여전히 '신이 아직 죽지 않은' 시대, 니체의 표현대로, '신이 죽었다는 소식을 아직 듣지 못한' 우리는 다음과 같은 말을 하곤한다. "그렇지만 우리는 여전히 '전체'에 대한 '균형 잡힌' 통찰을 통해, 이성적이고 합리적인 판단을 내릴 수 있지 않은가?" 이런 우리가 종종 하는 말은 다음과 같은 말들이다. "○○ 코끼리 만지기",[107]

---

[107]   이러한 표현은 시각 '장애'를 가지신 분들을 부당하게 비하하는 속담으로

"숲을 보지 못하고 나무만 보는 우를 범하지 마라!" 그러나 예를 들어, 숲을 보지 못하고 나무만 본다, 곧 '전체, 큰 그림을 보지 못하고, 눈앞의 작은 일에 일희일비한다, 시야가 좁다'라는 의미로 사용되는 이 표현을 사용하는 이는 누구나 암암리에 '자신은 숲을 본다, 나만은 숲을 본다'고 가정하고 있다. 이는 사실상 '나만은 사태의 본질을 꿰뚫고 있다'는 말에 다름 아니다. 그러나 로크의 말대로, 우리 중 도대체 누가 자신만이 사태의 '본질'을 꿰뚫고 있으며, 사태의 '본질'에 대한 '참다운' 인식을 가지고 있다고 주장할 수 있는가! 이런 표현을 사용하는 이는 단 한 명의 예외도 없이 자신만은 '양쪽 눈을 다 뜬 자, 전체를 균형 잡힌 눈으로 보는 자'로 가정하고 있다! 그러나 누가 전체를 볼 수 있는가? 이 사람이 살고 있는 시대는 '신이 죽었다는 소식'이 아직 도착하지 않은 시대인 것이다. 우리 중 누구도 '숲'을 볼 수 없다. 숲, 곧 전체를 볼 수 없고, 모든 사람이 오직 나무들만을 볼 수 있기 때문에, 모든 인식은 부분적 인식, 곧 치우친 인식, 편파적 인식이다[108](특정 지역, 특정 시기의 '지배적' 인식을 사람들은 상식, 이성, 합리성이라 부른다. 그러나 시대와 지역에 따라 이들 인식은 달라진다).

서 이제 더 이상 사용해서는 안 되는 말이지만, 논점의 설명을 위해 부득이하게 이렇게 표기한다. 이하의 논의에서는 '나무를 보고 숲은 보지 못한다'는 속담을 사용한다.

[108] 따라서 모든 대표·대의(representation)는 과잉 대표되고, 잘못 반영된다. 실로 모든 대표성이 편파적이다.

인간들 중에는 신이 없으므로, 우리들 중 어느 누구도 자기 인식의 균형 잡힌 중립성, 불편부당함, 보편성을 말할 수 없는 것이다. 어떤 인식이 아니라, 모든 인식, 곧 '인식' 그 자체가 편파적이다. 너와 그들만이 아니라, 우리 모두가 '불가피하게' 편파적이다. 어떤 인간도 이러한 사실의 예외가 될 수 없다. 우리 모두는 정치적이고, 우리 모두는 진영논리에 사로잡혀 있다.[109] 진영이 없다는 생각 자체가 또 하나의 진영이다. 진영에는 바깥이 없다. 우리 모두는 정치적이고, 정치적인 것에는 바깥이 없다. 우리들 중에는 신이 없고, 우리의 모든 판단은 정치적이며, 진영논리에 사로잡혀 있고, 편파적이다. 인간인 우리 인식의 이러한 불가피한 특성을 인식·인정하고 타인의 의견을 열린 마음으로 듣고 경청하며 조심하는 것이 이러한 사실을 부정하며 자기 주장의 배타적 올바름, 합리성, 정의로움, 불편부당함, 공정함을 주장하는 것보다 더 낫다. 다음 대한민국 대통령이 누가 되어야 하는가, 우리는 결혼을 해야 하는가, 아이를 낳아야 하는

109　'국민의 뜻에 따라' 정치를 한다는 말은 단지 하나의 수사학일 뿐이다. '국민'이란 '나와 같은 생각을 하는 사람들'을 지칭하는 용어일 뿐이다. 모든 정치인은 실은 '자신과 같은 생각을 하는 사람들'을 '국민'이라고 부를 뿐이다. 정치인이란 원래 정의상 '(자신이 생각하는) 국민을 위해' 정치를 하는 것이므로 이를 나쁘게만 볼 이유도 없다. 문제는 이런 표현이 자기 주장의 배타적 옳음을 상정하고 나와 다른 생각을 하는 사람들을 적으로 돌리며 비판하기 위해서만 사용된다는 사실에 있다. 따라서 이제 '국민을 위해서'와 같은 표현은 우리 정치에서 사라져야 한다.

가와 같은 문제에 모든 사람이 받아들여야 하는 합리적 답안 같은 것은 없다. 모든 사람이 따라야 하는 합리적 '진리'란 없으며, 오직 당사자들 사이의 협상과 합의, 그리고 이들의 이익이 합치하는 한에서의 한시적 연대만이 있을 뿐이다.[110]

이런 모든 점을 고려해 본다면, '신이 죽은' 시대의 '내로남불'은 차라리 어떤 인간도 벗어날 수 없는 인간 인식의 조건이다. 물론 이 말은 강자의 내로남불을 용인해야 한다는 말이 아니다. 강자의 내로남불은 철저히 감시·비판되어야 한다. 이 말은 다만 '너의 내로남불을 말하는 나 역시 실은 내로남불을 행하고 있다'는 사실을 정직하게 인식하는 것이 이러한 사실을 부정하고 타인의 내로남불만을 비난하는 것보다 더 낫다는 생각, 나 자신에 대한 냉정한 인식론적 거리 두기를 통해 나 자신의 말과 행동을 다시금 검토하고 점검해 볼 때, 오직 그때에만 지금보다 더 나은 타인과의 대화가 가능하리란 생각에 다름 아니다. 이 말은 내가 비난하는 자들만이 아니라, 모든 사람, 곧 나 역시 내로남불의 예외가 될 수 없으며, 내가 비난하는 타인들만이 아니라, 나 역시 비판의 대상이 될 수 있음을 의미한다. 우리는 모두 내로남불을 행한다. 따라서, 우리는 타인들의 내로

---

[110]   현재처럼, 이익과 정의를 서로 병존할 수 없는 두 개의 이분법적 실체로 가정하는 태도는 지양되어야 한다. 둘 사이에는 현재 지배적인 관계 설정 방식 이외에도 가능한 무수한 방식이 존재할 수 있다.

남불만이 아니라, 타인과 나 자신 모두의 내로남불을 감시하고 따져 묻는 비판 정신을 유지해야 한다. 편안함은 물론 좋은 것이지만, 철학은 마냥 편안함만을 추구하지 않는다.[111] 긴 안목으로 볼 때, 비판받지 않는 편안함, 곧 지나친 편안함은 결국 더 많은 문제를 불러오기 때문이다. 나는 '철학이 건강한 불편함을 지향한다'고 믿는다. 내가 쓴 이 책은 바로 이렇게 철학이 지향하는 **건강한 불편함**을 가져오기 위한 작은 시도이다.

---

[111] '편안함'이라는 철학적 문제를 적절히 다루기 위해서는 실로 복잡한 철학적 난제들을 통과해야 한다. 앞으로 기회가 주어져 이런 논의를 펼칠 수 있기를 바라본다.

"나는 맞고 너는 틀리다"